国家重点研发计划项目“国家安全风险管理关键技术研究与应用”（2018YFC0806900）

U0893365

我国地方政府债务
对经济增长的非线性影响研究

WOGUO DIFANG ZHENGFU ZHAIWU DUI JINGJI ZENGZHANG DE FEIXIANXING YINGXIANG YANJIU

李亘◎著

中国商务出版社
CHINA COMMERCE AND TRADE PRESS

图书在版编目（CIP）数据

我国地方政府债务对经济增长的非线性影响研究 / 李亘著 . —北京：中国商务出版社，2021. 11（2023.3重印）

ISBN 978 - 7 - 5103 - 4161 - 8

Ⅰ. ①我…　Ⅱ. ①李…　Ⅲ. ①地方政府—债务管理—影响—经济增长—研究—中国　Ⅳ. ①F812. 7 ②F124

中国版本图书馆 CIP 数据核字（2021）第 249322 号

我国地方政府债务对经济增长的非线性影响研究

WOGUO DIFANG ZHENGFU ZHAIWU DUI JINGJI ZENGZHANG DE FEIXIANXING YINGXIANG YANJIU

李　亘　著

出　　版：中国商务出版社
社　　址：北京市东城区安定门外大街东后巷 28 号　　　邮　编：100710
网　　址：http：//www. cctpress. com
电　　话：010 - 64212247（总编室）　　010 - 64241423（事业部）
　　　　　010 - 64208388（发行部）
责任编辑：杨　云
印　　刷：河北赛文印刷有限公司
开　　本：787 毫米 × 1092 毫米　1/16
印　　张：11. 25
版　　次：2021 年 12 月第 1 版　　　印　　次：2023 年 3 月第 2 次印刷
字　　数：162 千字　　　　　　　　定　　价：58. 00 元

摘 要

纵观我国改革开放以来的经济发展历程可以发现，政府基建投资驱动的经济发展模式，不仅极大的推进了我国城镇化进程，促进了相关行业的蓬勃发展，更是我国宏观调控的重要工具。当前我国人事选拔、财税体制等因素的共同作用，决定了我国地方政府对举债融资，推动基建建设的增长模式存在较高的依赖，因此从这个角度看，地方政府债务对经济增长的正面贡献应予肯定。然而自金融危机以来，我国地方政府债务规模迅猛增长，为此我国出台了一系列措施严格规范地方政府的融资举债行为，严控新增债务风险，但与此同时，我国仍需要政府投资主导的模式发挥宏观经济稳定器的功能，并且中西部地区的城镇化进程仍然有较大的发展空间，这就决定了我们要客观、全面地认识地方政府债务对经济增长的作用。根据历史发展和经验证据看，我国地方政府债务对经济增长具有非线性的影响，那么，根据实际数据是否能验证这一结论呢？我国地方政府债务对经济增长的非线性影响又具有怎样的传导路径和作用机制呢？这正是本书尝试解决的问题。

首先，本书基于对凯恩斯主义、公共选择学派、经典的经济增长理论、自由主义学派、现代货币理论等学术思想的梳理，提出了地方政府债务对经济增长非线性影响的短期和长期作用机制，并运用动态最优化的分析框架，定量验证了非线性效应即债务阈值的存在性。其次，在此基础上，本书基于我国两大经济运行现实：土地市场与地方政府债务深度结合以及我国商业银行体系在地方政府债务发行、承销、交易中的重要地位，分别以土地市场和商业银行体系作为重要变量进行了非线性影响机制分析。在这部分的论述中，本书通过制度梳理、理论分析和构建地方政府最优化行为模型相结合的方式，探讨加入土地市场这一要素后的非线性传导机制。2015 年新预算法实施以来，国家要求剥离地方投融资平台的政府投融资职能，允许地方政府公开发行债券。鉴于商业银行在地方政府债务承销、发行和交易中发挥了重要作用，本书构建了包含商业银行体系在内的四部门 NK-DSGE 模型，并且在企业外源融资利率的设置上引用了金融加速器机制，通过 NK-DSGE 模型的测算，将商业银行体系纳入了对地方政府债务非线性影响效应的分析中。最后，在完成上述理论分析框架的描述后，本书选取了我国 30 个省市、自治区 2006 ~ 2016 年的样本数据作为研究对象，构建了面板门限回归模型进行实证检验。

通过理论和实证相结合的研究范式，本书得出的主要结论如下：①短期内地方政府债务规模的增长将通过增加公共资本积累，改善营商环境等因素的影响对私人投资产生“挤入效应”；而长期来看，地方政府债务的持续累积将通过“税费效应”“挤出效应”和“通胀效应”等渠道对宏观经济产生负面影响。②我国地方政府财力和融资举债行为与“土地财政”“土地金融”息息相关，我国地方政府债务具有与土地出让收入互相关联、共同增长的内在冲动，我国地方政府可以通过低价配置工业用地和高价配置住宅、商业用地的方式吸引私人投资并投资公共工程建设，以此促进地区城镇化发展和经济增长。但随着债务规模的膨胀，地价和房价的居高不下也将反过来增加企业的生产经营成本，同时债务风险如果持续累积就将出现不收敛的现象，从而引爆系统性风险。③在商业银行持有私人信贷和政府债权的前提假设下，随着政府投资支出需求的增加，地方政府债务规模将持续扩大，并且债务规模的扩大首先将直接增加公共资本积累，随后以提高私人信贷利率的方式触发金融加速器机制，降低企业的私人投资，并最终对总产出产生非线性影响。值得一提的是，NK-DSGE 模型的分析结果还显示，我国地方政府债务对经济增长的影响不仅是非线性的，而且还是非对称的。④我国整体地方政府债务负担率阈值为 55.12%，东部地区为 64.35%，中西部地区为 48.66%，当全国整体地方政府债务负担率小于 55.12% 的阈值时，地方政府债务对经济增长的正向影响系数达到了 1.0712，当超过阈值时，政府债务负担率对经济增长的负面影响系数为 -0.1346；当东部地区地方政府债务负担率小于阈值时，对经济增长的影响系数为 0.7744，大于阈值时的影响系数为 -0.1061，而中西部地区地方政府债务负担率小于阈值的影响系数为 1.4093，大于阈值时的影响系数为 -0.8950。以上回归结果验证了我国地方政府债务对经济增长的非线性影响，而且还反映出这种非线性影响具有非对称性和区域异质性的特征。⑤东部地区整体经济发展水平和财政可承担能力优于中西部地区，因此其对债务风险的控制和偿还能力较强，不仅体现为债务阈值相较于中西部地区更高，而且对经济增长的负面影响也更小；而中西部地区相比于东部地区则更加依赖于政府投资驱动的经济增长模式，并且相对而言城镇化发展空间更大，因此中西部地区地方政府债务对经济增长的正面推动作用更加明显。

最后，基于全书的研究，本书认为地方政府应当合理确定债务阈值，在控制、防范地方政府债务风险的过程中兼顾地区经济增长，具体可执行的政策建议包括：强化债务资金绩效管理、构建异质性债务管理框架和需求约束管理机制、提高地方政府债务流动性、多元化债务偿还渠道等。

关键词： 地方政府债务、非线性影响、DSGE 模型、面板门限回归

目　录

第1章　绪论

1.1　研究背景与意义

1.1.1　研究背景

改革开放以来，我国经济经过四十余年蓬勃发展，取得了举世瞩目的辉煌成就，经济总量由1978年改革伊始的3678.7亿元增长到2018年的900309.5亿元，在四十年的时间里实现了245倍的规模增长①。投资驱动是我国经济实现快速增长的重要因素。如表1-1所示，我国2002~2018年全社会固定资产投资规模实现了迅猛增长，投资规模由2002年的4.3万亿元增长到了2018年的接近65万亿元。在我国固定资产投资迅猛增长的背景下，我国基础设施和基建行业取得了飞速的发展，其中以交通、通信和电力网络等建设领域的成就尤为突出。

表1-1　全社会固定资产投资和基础社会建设情况

时间	全社会固定资产投资（亿元）	高速公路里程（万公里）	铁路里程（万公里）	移动通信基站（万个）
2002	43499.91	2.51	7.19	7.4
2003	55566.61	2.97	7.3	8.88
2004	70477.40	3.43	7.44	23.76
2005	88773.62	4.1	7.54	28.11
2006	109998.2	4.53	7.71	35.74

① 数据来源：国家统计局。

续表

时间	全社会固定资产投资（亿元）	高速公路里程（万公里）	铁路里程（万公里）	移动通信基站（万个）
2007	137323.94	5.39	7.8	45.91
2008	172828.4	6.03	7.97	59.73
2009	224598.77	6.51	8.55	111.86
2010	251683.77	7.41	9.12	139.83
2011	311485.13	8.49	9.32	175.23
2012	374694.74	9.62	9.76	206.6
2013	446294.09	10.44	10.31	240.96
2014	512020.65	11.19	11.18	350.77
2015	561999.83	12.35	12.1	465.59
2016	606465.66	13.1	12.4	559.38
2017	641238.39	13.64	12.7	618.71

数据来源：中经网数据库。

在我国经济发展的光辉历程中，我们应该认识到地方政府债务在其中发挥的积极作用。通过举债融资地方政府可以弥补自身财力的不足，在保民生、保运转之余使得地方政府有能力大刀阔斧的进行固定资产投资，推动本地区经济发展。通过举债融资，地方政府可以投资市政基础设施建设和工业园区建设招商引资，以盘活本地工业生产，扩大税源；也可以通过债务工具筹集资金以增强公共服务水平，从而扎实推进新型城镇化建设。如果以历史沿革的角度看，地方政府债务为本地区城市化建设和经济发展融资的职能，自 1994 年我国实行分税制财税体制改革以来表现的尤为明显。

分税制改革基本确立了“一级政府、一级独立预算”的框架，但由于在财力调配和税源分配的问题上，中央政府掌握了较大的资源配置话语权，客观上出现了“财权上行，事权下沉”的格局，与此同时，旧预算法规定地方政府不能直接举债，列支赤字，各地方政府便通过土地使用权出让充实政府性基金预算，以及注入固定资产成立投融资平台以承担地方建设投融资职能的方式，“双管齐下”解决发展资金的难题。分税制改革以来，我国地方政府债务出现快速增长，但另一方面我们也应看到，我国经济很快便走上了市场化、城市化、现代化发展的快车道，在这一阶段，由地方政府债务推动的基础设施投资和城镇化建设在全国范围内铺开，成为拉动经济增长的重要力量①。

除此之外，在特殊发展时期，比如 1997 年亚洲金融危机和 2008 年全球金融危机，地方政府债务也发挥出了积极的正面作用。2008 年全球金融危机爆发后，外部市场需求萎缩，我国经济尤其是外向型部门受到严重冲击，为提振宏观经济，我国推出了著名的“四万亿”财政刺激计划，意在通过积极的财政政策鼓励地方政府投资，尤其是希望通过银行信贷资源的倾斜和政策约束的放宽，充分发挥投融资平台的政府投融资职能，扶持大型地方政府建设项目上马，以基础设施建设和新型城镇化为抓手和契机，充分释放投资驱动的潜力，增加整个经济社会的物质资本积累水平。在这个过程中，地方政府债务作为国家积极财政政策的重要组成部分，成为了逆周期宏观调控重要的政策手段，地方政府债务融资下积极的生产性支出成为我国走出金融危机影响的重要助力。

但是，以积极的刺激性财政换取经济复苏的做法很快显现出了副作用，“四万亿”刺激计划带来的杠杆作用是数倍于己的地方政府配套出资和爆发式增长的投融资平台债务。2008 年金融危机是我国地方政府债务，尤其是投融资平台贷款爆发式增长的又一个重要节点，当时仅以国家审计署的统计口径看，全国就已经存在至少 6576 家投融资平台，至 2010 年底共举借了 49710.68 亿元的平台债务②。我国不管是学术界还是实务界都开始重视政府债务尤其是地方政府性债务负担的问题，开始反思我国鼓励投融资平台以各种形式③，为地方政府融资以投资基础设施建设，用政府部门加杠杆的方式带动经济增长是否具有可持续性。在这个大背景下，国家审计署分别于 2011 年和 2013 年发布《全国地方政府性债务审计结果》以及《36 个地方政府本级政府性债务审计

① 赵斌，王朝才，柯勰．改革开放以来中国地方政府举债融资演变［J］．地方财政研究，2019（4）：7－19.

② 数据来源：审计署《全国地方政府性债务审计结果》。

③ 融资方式已远远不局限于银行贷款，还包括企业债、定向发行私募投资工具（PPN）、中期票据、短期融资券、非标融资等形式。

结果》两份权威审计报告。报告显示，2012 年底 36 个地方政府本级政府性债务总计达 38475.84 亿元，与 2010 年相比增加了 4409.81 亿元，增幅达 12.94%；同时报告还指出在 2012 年，如果仅以负有偿还责任的债务口径统计，全国就有 9 个省市债务率突破 100%，最高达到了 188.95%，并且有 13 个省市的偿债率突破 20%，最高达到了 60.15%。

由此可见，地方政府债务是一把典型的“双刃剑”。它既可以发挥对经济增长的积极作用，改善代际公平以增加公共产品供给、提升公共服务水平；调剂地方政府可供支配的财力、平衡收支，使地方政府有能力承担本地区经济增长的重任，推进新型城镇化建设，增加本地区物质资本积累；同时地方政府债务本身是国家积极财政政策的重要组成部分，通过合理引导公共部门的债务行为能够实现凯恩斯式的总需求管理、刺激产出，是国家逆周期宏观调控重要的政策工具。与此同时我们也必须看到，地方政府债务如果膨胀过快，债务负担过重将有可能产生严重的“债务－通缩”效应：债务风险通过政府间财政关系和信贷渠道外溢到上级政府和银行系统中，形成财政风险和系统性金融风险，从而引发财政收缩和去杠杆周期，经济社会将因此陷入漫长的资产负债表修复期，此时的宏观政策选择将变得更加复杂①，稍有不慎可能引爆债务风险招致通货紧缩。

当前我国经济早已步入新常态，由以往的高速增长转变为中高速增长，由以粗放式的劳动密集型、资金密集型产业为主导转变为调整产业结构，大力发展环境保护型、资源集约型和高新技术产业；由物质资本投资驱动转变为人力资本投资和创新驱动。面对我国经济发展的新形势和当前较严峻的政府债务化解任务，习近平总书记一方面提出要打好三大攻坚战，要守好不发生系统性风险的底线，这就要求政府部门尤其是地方政府严格管理公共债务，完善债务管理制度，严控新增债务和隐性债务风险以降低政府部门整体杠杆水平。另外，中美贸易战这一突发式的外部冲击渐有长期发展的趋势，对我国出口贸易部门的影响在中长期必然会传导至整个宏观经济。为缓解经济下

① 刘鹤．两次全球大危机的比较［J］．管理世界，2013，No.234（3）：1－7.

行压力，国务院和银保监会相继发布 101 号文和 76 号文，再次强调政府融资举债投资基建项目模式的经济刺激抓手作用。

因此，纵观历史沿革和当前时代背景，如何正确使用地方政府债务这把“双刃剑”，对我国经济的长远稳定发展具有重要意义。在当前减税降费，尤其是地方政府存量债务规模较大的情况下，继续使用积极财政政策，通过债务融资驱动经济增长的模式是否可持续？如何充分发挥出地方政府债务积极的一面而将负面作用降到最低？要回答这些问题，首先就要厘清地方政府债务对经济增长的影响和传导机制。本书所作的研究就是在当前形势下厘清依托何种机制在何种情况下，地方政府债务会对经济产生促进作用；何时这种作用将反转并依托何种机制对经济产生阻碍，最终测算对宏观经济而言，地方政府债务规模是否存在最佳阈值。厘清这些问题将对我国地方政府债务管理、风险防控和宏观经济政策制定带来有益参考。

1.1.2　研究意义

我国当前面临的国内经济形势较为复杂，既要把握好“发展是解决我国一切问题的基础和关键”，合理引导政府投资、激发社会生产要素创造力，协调区域均衡发展；也要打好三大攻坚战，管理好政府债务风险，守住不发生系统性风险的底线。为了合理掌握好二者之间的平衡，首先需要正确认识政府债务尤其是地方政府债务对经济增长的影响，在风险得到有效防控的前提下，充分利用好地方政府债务对宏观经济的正面作用，通过高效率的利用债务资金扎实推进我国新型城镇化建设，使其扮演好我国经济发展“稳定器”的角色。当前国内外学术界对地方政府债务及其经济增长效应都做了一定的研究，但是，首先，国外学者的研究成果由于基本国情和经济发展阶段的不同大大限制了其适用范围；其次，国内学者的研究多以直接计量实证为主，对理论传导机制的刻画着墨不多，因此本书的研究具有一定的理论和现实意义。

（1）理论意义。本书在梳理前人研究，立足国内外相关经济理论和当前现状的基础上，分别定性分析地方政府债务对经济增长的短期和长期效应，通过结合凯恩斯主义经济思想和新古典经济增长理论刻画一般性的传导机制，并在此基础上构建动态最优化分析框架，定量验证非线性效应的存在性；随后，本书结合我国“土地财政”和“土地金融”的国情，以土地市场作为重要的传导中介变量分析我国地方政府债务对经济增长的“土地传导渠道”。接下来，本书通过构建包含政府、家庭、厂商、金融中介的四部门DSGE模型，以政府购买性支出作为外生冲击触发对地方政府债务的扩张性影响，通过金融加速器的机制刻画，分析地方政府债务冲击对公共资本积累和私人资本积累的影响，并最终通过脉冲响应图给出非线性影响曲线。最后，本书通过构建门限回归模型实证检验地方政府债务对经济增长的非线性影响，并以此为基础分析探讨非对称性和异质性影响因素，并给出有关地方政府债务管理和宏观经济政策制定的政策建议。结合全书行文逻辑看，结合了理论分析、冲击模拟和实证研究，逻辑链条较为完善，具有一定的理论意义。

（2）现实意义。面对当前我国较复杂的国内外经济形势，在防范地方政府债务风险、合理管理新增债务规模、稳定经济社会整体杠杆水平的基础上，更需要充分发挥政府投资基础设施建设、以地方政府债务投融资模式引导固定资本投资的经济驱动作用。尤其是在当前我国经济处在决胜全面建成小康社会的关键时期，从大局上看，我国经济在中西部崛起、协调区域发展和推进以基本公共服务均等化为抓手的新型城镇化方面仍有较大的发展空间。因此，我国经济在未来相当长一段时间内仍然会将政府举债融资以投资物质资本积累作为经济增长的重要驱动力。在经过短暂的运动式去杠杆之后，国家再次强调需要保证投融资平台和地方政府正常的融资需求，可以预见，地方政府债务无论从新增规模还是从存量余额看，都会维持在较高的水平上。可以看出，当前经济形势要求我们做到“控风险”和“稳增长”兼顾，不能像以前一样盲目追求经济高速增长而堆积严重的债务风险；也不能过度强调去杠杆而将宏观经济置于更大的紧缩风险中。因此，需要我们在合理认识地方政府债务对经济增长的影响机制的基础上，探究当前我国债务投资驱动的发展模式的可持续空间，并由此进行合理的债务管理和宏观调控，而这正是本书研究的现实意义所在。

1.2　研究内容与方法

1.2.1　研究内容

本书基于目前我国债务管理制度和经济发展模式的现状，通过对研究背景的梳理，发现了地方政府债务可能对宏观经济存在非线性影响的经验事实。即地方政府通过政府部门的加杠杆可以增加公共产品和公共服务供给、推进我国城镇化进程，协调区域发展。这套强调固定资产投资驱动的发展模式为我国经济发展做出了重要贡献，然而也让各地方政府背上了沉重的债务负担。巨大的债务负担可能带来严重的紧缩效应，通过“税费效应”“挤出效应”和“通胀效应”对私人投资产生负面影响，可能导致投资者做出负面的发展预期并最终对宏观经济产生不利影响。在上述经验事实的基础上，本书通过梳理前人的研究和相关经济学理论，采用定性定量相结合的研究方法，理论机制分析、外生冲击模拟和计量实证相结合的逻辑链条对地方政府债务的经济增长效应进行研究。本书具体的内容安排如下：

第 1 章，绪论。本章详细阐述了本书的研究背景、研究意义、研究内容、研究方法、相关概念界定以及技术路线图，并对本书可能存在的创新点和不足之处进行了说明。

第 2 章，文献综述。本章首先对当前国内外尤其是国内学术界对地方政府债务的研究进行梳理，发现学界主要聚焦在地方政府债务风险研究及其宏观经济效应研究上。债务风险研究领域主要包含地方政府债务风险的传导研究——对财政风险和金融风险的传导；地方政府债务风险的来源与演化①；地方政府债务风险预警指标体系的构建和债务可持续性研究。而通过地方政府债务对经济增长影响的重点梳理，我们可以发现学界对地方政府债务影响经济增长的认识主要分为促进、阻碍和非线性作用三部分，并且渐渐集中于非线性影响的共识。研究分支主要分布在：通过门限回归和面板模型的构建论

① 该领域文献多集中在新预算法尤其是国家一系列强化投融资平台管理的文件出台前后。

述地方政府债务对经济增长的非线性影响；最优阈值测算以及区域异质性研究等。本章通过对国内外文献的梳理明晰当前最新的研究进展，随后进行文献述评寻找研究切入点。

第3章，地方政府债务对经济增长非线性影响的理论基础。本章系统地梳理了古典学派、凯恩斯主义学派、内生经济增长理论、公共产品理论、现代货币理论等经典经济学流派和理论当中有关政府债务与经济增长关系的论述。为第5章分析地方政府债务对经济增长非线性影响的传导机制分析，即短期内促进、长期内随着债务规模增加将抑制经济增长奠定理论基础。

第4章，我国地方政府债务的成因、历史沿革与现状。本章首先，对我国地方政府债务的成因进行分析，主要原因有分税制财税体制下地方政府财权与事权的不匹配；当前官员晋升机制激励下的"GDP锦标赛"和地方经济发展竞争；地方政府预算软约束和公共池问题等。其次，对改革开放以来我国地方政府债务的历史沿革进行梳理，以历史发展的眼光看待我国地方政府债务产生、发展和最后快速扩张的脉络，并总结出改革开放以来我国在地方政府债务管理方面重要的政策文件，完善历史沿革的分析。最后，对我国地方政府债务的规模、资金投向、现行管理制度等多个方面的现状进行总结归纳。

第5章，地方政府债务对经济增长非线性影响的传导机制分析。本章在此基础上，以凯恩斯主义总需求管理理论、公共产品理论为内核，运用乘数效应分析和IS-LM模型为基础，阐述地方政府债务在短期内对经济增长的刺激作用以及传导机制；随后本章以新古典主义经济学当中经典的三大经济增长理论：哈罗德－多马模型、索洛增长模型和内生增长模型为基础，通过强调地方政府债务在长期内对资本积累尤其是对私人资本积累的挤出，说明地方政府债务对经济增长的长期传导机制。本章在短期、长期传导机制分析的基础上，利用动态最优化的方法，构建定量分析框架推导并验证了非线性影响，即最优债务阈值的存在性。最后，鉴于"土地财政""土地金融"在我国地方财政和政府债务中的特殊地位，可以说通过土地使用权抵押融资和使用权出让补充地方政府财力的模式，为地区经济增长做出了重要贡献，以"土地财政"和"土地金融"的方式为我国地方政府的建设支出融资，弥补分税制下地方政府财力缺口是具有我国特色的特殊国情。因此本章还以土地市场为重要中介要素构建传导机制，论述地方政府债务对经济增长的非线性影响。在短期内政府可以低价配置工业用地吸引投资，并且高价配置住宅和商业用地筹集资金进行城镇化建设，推动经济增长；但在长期，地方政府债务的持续扩张可能以推高地价或者维持土地价格持续高位运行的方式挤出私人投资和消费，进而对经济产生消极影响。

第 6 章，基于 DSGE 模型的非线性影响分析。本章首先，依据新凯恩斯主义经济学思想建立 DSGE 模型基本框架（即 NK-DSGE 模型），其中包含政府、家庭、厂商、金融中介四个部门。在基本机制构建上，本章的 DSGE 模型中加入了新凯恩斯主义价格粘性和投资调整成本的元素，并且认为私人资本的投资决策即资本品的生产由资本品厂商决定，生产出的资本品提供给企业家并由企业家有偿满足中间产品厂商的生产需要。其次，本书引入金融加速器机制，将含有流动性约束的商业银行系统加入模型，商业银行吸收家庭部门存款以持有地方政府债券和向企业家提供贷款，贷款利率与企业净值存在函数关系。再次，设定政府部门的财政收支行为和利率决策方程作为主要的外生方程。最后，我们求解上述四部门经济主体的最优行为方程并进行对数线性化处理，构建出内生经济变量的动态系统方程组并由政府生产性支出的标准差变动触发外生冲击，使之传导到公共资本积累和地方政府债务扩张上，最后引发整个内生变量系统的脉冲响应。本章的核心就是围绕政策冲击，模拟分析地方政府债务扩张可能对公共资本和私人资本投资的影响，进而指出其对经济增长的影响。

第 7 章，地方政府债务对经济增长非线性影响的实证检验。经过第 5 章的理论传导机制分析和第 6 章的政策冲击模拟，本书已经基本勾勒出地方政府债务对经济增长的非线性影响，接下来本章的主要工作就是以实际数据构建计量模型进行实证检验。本章采用 2006 ~ 2016 年 wind 统计口径下的地方政府债务数据作为真实数据的代理变量，数据缺失的部分借鉴何杨和王蔚（2015）的研究①，以

---

① 何杨，王蔚．土地财政、官员特征与地方政府债务膨胀——来自中国省级市政投资的经验证据［J］. 中央财经大学学报，2015（06）：10 – 19.

城市建设中债务资金占比的计算方法予以补足①，随后本章将各省债务负担率作为自变量和门限变量构建面板门限回归模型，并进行区域异质性分析和稳健性检验，实证探讨地方政府债务对经济增长的非线性影响。

第8章，非对称性和区域异质性的影响因素分析。根据前面三章的分析，我们明晰了地方政府债务对经济增长的非线性影响，而且在非线性影响的大框架下，我们还发现该影响具有非对称性和区域异质性，不同地区存在不同的影响效应。那么，导致地方政府债务对经济增长非线性影响产生非对称性和异质性的因素有哪些呢？了解这些因素对进一步理解地方政府债务在我国经济增长中所扮演的角色，对完善接下来的地方政府债务管理工作，以及对合理运用乃至拓宽地方政府举债空间，制定有针对性的地区经济发展规划都具有重要意义。本章主要从地区经济发展基础、财政可承受能力、债务资金投向和预算管理绩效等方面入手，试图阐明区域异质性的影响因素。

第9章，研究结论与政策建议。本章在总结归纳全书研究成果的基础上，根据研究结论提出政策建议。

1.2.2　研究方法

本书在文献研究和历史研究的基础上，按照理论传导机制分析、政策冲击模拟、计量实证分析和因素分析的逻辑链条行文。因此，首先采用的是理论研究和计量实证相结合的研究方法。从经济学理论基础和我国实际情况出发，对地方政府债务的经济增长影响进行定性、定量分析；随后通过构建DSGE模型和面板门限回归模型进行冲击模拟和实证分析，从而将理论分析的结果和实证研究结合在一起。其次，本书还通过运用比较分析和动态分析、静态分析相结合的研究方法对地方政府债务作用于经济增长的非线性影响，区域异质性以及阈值影响因素进行了系统阐述。

1.3　技术路线图

本书研究的技术路线图，如图1－1所示。

---

① 数据主要来源于《中国城市建设统计年鉴》。

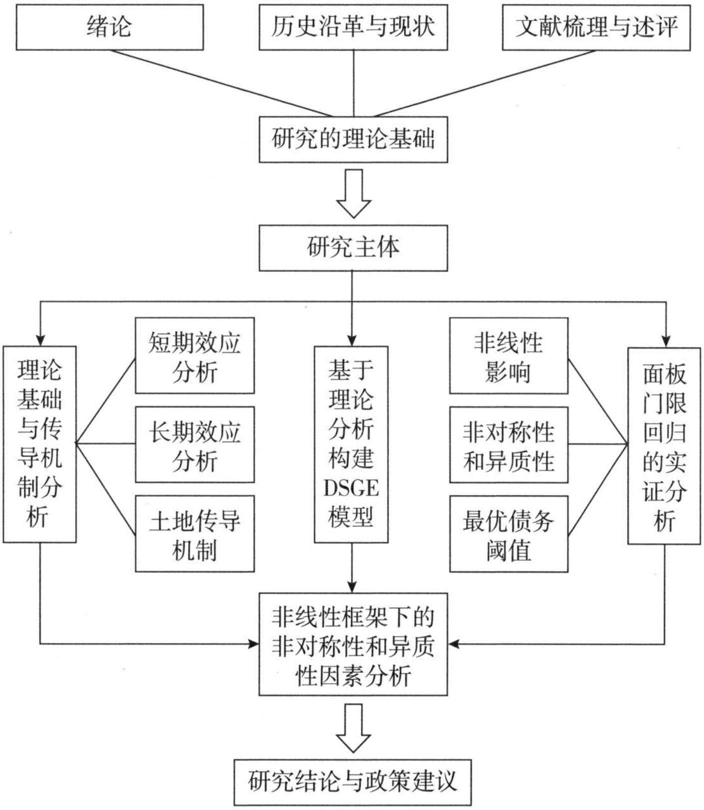

图 1-1　本书研究的技术路线图

1.4　相关概念界定

1.4.1　非线性影响的概念界定

本节将对本书的核心概念“非线性影响”进行概念界定。非线性影响是指解释变量对被解释变量的影响随着解释变量的变化而发生变化，具体影响效应不是简单的比例关系。通常非线性影响对解释变量而言存在一个阈值，阈值前后的具体影响效应各呈不同的变化。一般来说，阈值的存在或者说非线性影响的存在可以有规模的维度、空间的维度、时间的维度等。在本书的理论机制分析中（第 5 章和第 6 章），基于我国地方政府举债投资基建工程的驱动模式，我们假设我国地方政府债务是在一条时间轴上以时间维度的推进而慢慢积累，直到在规模维度上触发阈值。也就是说下文中包含定性和定量的非线性影响研究，都是首先基于短期内，债务规模不大时对经济增长正面影响的传导机制分析，然后基于长期内，随着债务规模积聚而对经济产生负面影响的传导机制分析。最后本书的实证检验（第7章）就是对长期内可能存在的阈值，在规模维度和空间维度上进行检验。

另外，本书研究中提到的非对称性是指非线性影响的“倒U型”并不对称，即阈值前后的具体影响效应大小并不相等，放在本书的研究结论下就是：地方政府债务小于阈值对经济增长的推动作用大于超过阈值时的负面作用。

1.4.2 地方政府债务的概念界定

在本节我们将简单辨析地方政府债务、地方政府债务、地方政府性债务的概念，如表1-2所示。地方政府性债务可以分为政府负有偿还责任的债务、提供担保的或有负债以及负有救助责任的债务。它与狭义的地方政府债务在概念和内涵上基本相同，包含地方政府公开发行的债券以及经甄别后的显性债务，不包括隐性债（即不包含违规融资举债的统计）。地方政府债务在狭义上是指地方政府公开发行的债券，在广义上则与广义的地方政府债务具有相同的内涵，即相当于地方政府性债务+隐性负债①。地方政府性债务在2015年新预算法出台前使用较频繁，往往出现在国家审计署审计报告所涉及的统计口径中。

表1-2 地方政府债务重要概念辨析

概念	定义
地方债	2015年之前：一般指地方政府性债务。 2015年之后：狭义：2014年之前由财政部代还的债券+2015年后地方政府自发自还的债券。 广义：狭义+2014年底经甄别后纳入政府资产负债表的显性化债务+隐性债务+应对风险支出。

① 毛捷，徐军伟．中国地方政府债务问题研究的现实基础——制度变迁、统计方法与重要事实[J]．财政研究，2019（1）：3-23.

续表

概念	定义
地方政府性债务	2015 年之前：政府负有偿还责任的债务、或有担保以及负有救助责任的债务，主要是由地方政府及公共部门为公共项目筹资而以各种方式形成的债务。主要包含投融资平台债务和由财政部代还的债券。 2015 年之后：经甄别后的显性化存量债务 + 地方政府自发自还的债券 = 狭义的地方政府债务 = 地方政府显性债务。
地方政府债务	狭义：狭义地方政府债务概念 +2014 年底经甄别后纳入政府资产负债表的显性化债务 = 地方政府性债务 = 地方政府显性债务。 广义：狭义地方政府债务 + 隐性债务 + 应对风险支出 = 广义的地方政府债务。
地方政府隐性债务	主要来自不合规操作和变相融资举债，包括仍然违规为投融资平台、事业单位、国企和政府下属机关部门提供隐性担保乃至仍然提供隐性安慰和承诺函而形成的债务；政府购买服务、PPP 项目、引导基金中的变相负债如“明股实债”和承诺收益、兜底损失等；由于项目风险较大、现金流无法维系而被迫引发地方政府救助责任的投融资平台非标融资和部分标准化债务。

本书的一大特色是基于我国经济运行现实，提出了土地市场与商业银行体系作为重要中介要素的非线性传导机制。在结合土地市场的论述中，本书重点结合地方投融资平台，以征收、整理土地的平台贷款为主要分析口径；而在 2015 年新预算法实施后，国家要求剥离地方投融资平台的政府投融资职能，并允许地方政府公开发债（省政府代发、限额管理），因此本书结合商业银行体系的 NK-DSGE 模型以地方政府债券为主要分析口径。本书构建的面板门限回归模型将上述口径进行结合，确定为地方政府公开发行的债券以及城投平台债务，并随之进行实证检验。

1.5　本书的创新与不足

与前人的研究相比，本书可能存在的创新如下：

（1）丰富了理论传导机制的研究。大部分文献在研究地方政府债务对经济增长的影响时，均采用简单的定性分析 + 计量模型的模式，理论传导机制的刻画不足，本书的创新首先集中在对理论传导机制的丰富上，能在定性分析的基础上进行定量分析，从而形成逻辑较完整的理论分析框架。

（2）能够理论联系实际。本书首先从政府债务的相关理论出发，分别从短期影响、长期影响入手探讨地方政府债务对经济增长的促进和阻碍作用，并验证了非线性效应的存在性。随后，本书基于我国土地市场与地方政府债务的深度结合，以及商业银行体系在地方政府债务管理当中的重要作用这两大具有“中国特色”的制度现实进行进一步的理论分析。针对“土地财政”这一具有中国特色的地方政府财政模式，本书将土地市场作为重要的中介变量分析了地方政府债务的非线性传导机制。接下来本书通过四部门（居民、政府、企业和商业银行体系）DSGE 模型的构建加入了金融加速器机制，通过政策冲击模拟地方政府债务的非线性影响。本书的理论分析框架不仅包含基于政府债务理论的一般性传导机制分析，还包含基于我国制度现实的理论分析，对当下我国地方政府债务对经济增长影响的研究而言，具有一定的创新价值。

当然，本书也存在一些不足之处。

（1）本书在构建地方政府债务对经济增长非线性影响的理论分析框架时，以地方政府债务对公共投资和私人投资的影响作为分析脉络，强调公共投资支出的重要作用，为了适应新凯恩斯主义分析框架下的 NK-DSGE 模型和 IS-LM-RE 模型，公共服务支出被笼统地包含进购买性支出的概念里，没有做细致刻画。值得一提的是，本书所提到的公共服务支出是狭义的概念，指“科教文卫”等公共事业和基本公共服务支出。

（2）碍于数据可获得性和模型处理难度，本书的地方政府债务统计口径并不能完全涵盖所有的地方政府债务范畴，并且本书也没有做出具体 31 个省份每个省的最优债务阈值，要实现每个省份债务阈值的测算需要更透明的信息公开，这有待进一步的深入研究。

第2章　文献综述

纵观国内外学术界可以发现，学界有关地方政府债务问题的研究主要聚焦在地方政府债务风险传导、预警和可持续性研究，以及地方政府债务的经济增长效应研究上。正如前文所述，我国改革开放以来经济的迅速腾飞，其主要驱动力之一就是政府投资。地方政府在中央政府的制度激励下主要依靠固定资产投资和物质资本积累拉动本地区经济增长。在我国当前央地财政关系格局下，地方政府累积了大量债务，可以说，地方政府债务为政府生产性支出融资的模式对我国经济增长做出了重要贡献，当然，综合近几年的局面看，也埋下了杠杆率过高的债务风险隐患。因此，客观上要求学界能够综合梳理地方政府债务的经济增长效应研究，以回答当前形势下地方政府债务风险管理和宏观经济政策制定的问题。也就是说，研究地方政府债务在经济增长中将以何种机制发挥何种作用，既需要我们对相关研究做直接梳理，也需要通过对地方政府债务风险研究的梳理，加深对地方政府债务负面影响的直观认识。由此，本章将同时对上述两大研究领域进行梳理。

2.1　地方政府债务对经济增长的影响研究

纵观国内外文献，有关地方政府债务对经济增长的研究最早可以追溯到亚当·斯密的古典主义经济学时代。亚当·斯密推崇“小政府”思想，不主张政府干预市场，自然也就认为由政府开支膨胀导致的政府债务属于政府“越界”行为，将产生资金的浪费性支出，挤占私人资本积累。以此为发轫，政府债务思想的演变主要经历了古典主义经济学主张的“公债有害论”，以凯恩斯主义学派为代表的“公债有益论”，由著名的“李嘉图等价”思想所提出和演化的“公债无影响论”。第二次世界大战后至今，学术界围绕对李嘉图等价命题的理解、滞涨大背景下对凯恩斯主义思想的反思进一步开展政府债务经济增长效应的研究，尤其是欧债危机的爆发和我国2008年后投融资平台过快、过滥增长导致的地方政府债务风险问题，更是激发了国内外学者们的研究热情。

总结前人们的学术成果可以发现，学界对地方政府债务的经济增长效应研究主要可以分为三派观点：其一，地方政府债务能促进经济增长；其二，地方政府债务将阻碍经济增长；其三，地方政府债务对经济增长的促进作用存在某些条件约束，即存在非线性影响。值得注意的是，在这个问题的研究中，国外文献主要围绕的是政府债务的概念，主要是由于国外的研究主要基于联邦制财政为背景，而较少直接涉及地方政府债务的概念，但是在地方政府债务问题的研究中，政府债务理论及其对宏观经济的影响可以说是“原始代码”，具有重要的借鉴意义；国内文献则较多直接聚焦地方政府债务，在作用机制和理论分析上除了借鉴国外经典的政府债务理论和学术成果外，还分析了具有我国制度特色的影响因素：如“土地财政”下的作用渠道，另有部分文献尝试测算区域间的最优债务阈值。

2.1.1 地方政府债务促进经济增长

受凯恩斯主义需求管理理论和传统公共产品理论的影响，有部分学者认可政府债务对经济增长的正面作用。凯恩斯主义认为，政府举债不仅可以为生产性支出融资，通过公共投资的增加带动整个经济社会的投资需求以增加公共资本积累，还可以通过减税等积极财政政策的实施增加居民可支配收入刺激总需求。Arrow 和 Kurz（1970）[①] 认为，政府通过举债增加的生产性投资支出可以对私人投资产生“挤入效应”，进而增加整个经济社会的投资需求。

① Arrow K. J. and M. Kurz, 1970, Public Investment, the Rate of Return and Optimal Fiscal Policy, Maryland: Johns Hopkins University Press.

这一观点得到了 Aschauer（1989）①、Afonso 和 Aubyn（2009）② 等人的支持，认为政府公共投资支出对经济增长将带来正面影响，其作用渠道就是对私人投资带来的“挤入效应”。Auerbach 和 Kotlikoff（1987）③ 认为，短期的政府债务扩张在理性消费者的整个生命周期中意味着暂时性的减税，短期内将增加储蓄和投资水平，刺激经济增长。Hildreth 和 Zorn（2005）④、Hildreth 和 Miller（2010）⑤ 则主要从公共产品理论的角度出发，肯定了地方政府债务为公共设施投资进行融资的职能，强调了其对经济增长的重要意义。

对政府债务的经济增长效应持正面观点的学者还认为，政府债务除了可以在非充分就业的状态下以刺激总需求的方式引导经济走出衰退，更可以以避免经济走向持续衰退的方式施加积极的影响。Cerra 和 Saxena（2008）⑥ 就认为，如果经济陷入长期而持续的衰退中将导致潜在产出的下降，而不仅仅是非充分就业状态下对潜在产出的偏离，此时政府干预将对经济复苏产生至关重要的影响。Panizza 和 Presbitero（2014）⑦ 的观点与之类似，他们指出，若经济处在长期衰退中，将导致工人的劳动生产率出现不可避免的下降，新的投资项目也将迟迟不能上马。因此，当政府实施积极财政政策，扩大债务规模以增加公共支出时，将在短期和长期内都对产出产生正向推动作用。DeLong

---

① Aschauer, A. D.（1989）Is Public Expenditure Productive? Journal of Monetary Economies, 23, 177 - 200.

② Afonso A, Aubyn M S. MACROECONOMIC RATES OF RETURN OF PUBLIC AND PRIVATE INVESTMENT: CROWDING-IN AND CROWDING-OUT EFFECTS [J]. Working Papers Department of Economics, 2010, 77 (s1): 21 - 39.

③ Auerbach A J, Kotlikoff L J. Evaluating Fiscal Policy with a Dynamic Simulation Model [J]. American Economic Review, 1987, 77 (2): 49 - 55.

④ Hildreth W B, Zorn C K. The Evolution of the State and Local Government Municipal Debt Market over the Past Quarter Century [J]. Public Budgeting & Finance, 2005, 25.

⑤ Hildreth W B, Miller G J. Debt and the Local Economy: Problems in Benchmarking Local Government Debt Affordability [J]. Public Budgeting & Finance, 2010, 22 (4): 99 - 113.

⑥ Cerra V, Saxena S C. Growth Dynamics: The Myth of Economic Recovery [J]. American Economic Review, 2008, 98 (1): 439 - 457.

⑦ Panizza U, Presbitero A F. Public debt and economic growth: Is there a causal effect? [J]. Mo. fi. r. working Papers, 2014, 41 (C): 21 - 41.

和 Summers (2012)① 也认为，当经济长期处在低利率状态时，实施包含扩大政府债务规模在内的积极财政政策能对经济产生流动性冲击，使经济走向重新复苏。

我国学者往往更加聚焦地方政府债务对经济增长的影响，以各种不同的代理变量衡量地方政府债务规模进行实证分析，并往往承认地方政府债务对经济增长促进作用的区域异质性。刘溶沧和马拴友 (2001)②、王维国和杨晓华 (2006)③ 等学者强调政府债务作为我国重要宏观调控工具和总需求管理工具的重要性，再加上我国长期以来财政政策整体走向和宏观调控原则的影响，我国有相当部分学者认为，地方政府债务将对经济增长产生正向影响。

贾俊雪和郭庆旺 (2011)④、胡翠和许召元 (2011)⑤ 以市场失灵作为切入点，认为私人部门对投资耗资巨大且投资回报周期慢的公共项目普遍缺乏兴趣，而地方政府通过举债融资等方式投资公共项目建设，将增加经济社会公共资本积累、完善公共服务，从长期来看对经济增长有利。邓晓兰等 (2013)⑥ 也支持这一观点，认为长期来看，政府实施积极财政政策以扩张债务为代价投资基础设施建设对经济增长是推动作用。徐长生和程琳 (2016)⑦ 以面板分位数的方法检验地方政府债务与经济增长间的关系得出结论：地方政府债务整体将显著刺激经济增长，但该影响存在区域异质性，落后地区举债融资发展经济的效果相对较差。胡奕明和顾祎雯 (2016)⑧ 也认为，地方

① Delong J B, Summers L H. Fiscal Policy in a Depressed Economy [J]. Brookings Papers on Economic Activity, 2012, 2012 (2012): 233 - 297.

② 刘溶沧，马拴友．赤字、国债与经济增长关系的实证分析——兼评积极财政政策是否有挤出效应 [J]. 经济研究，2001 (2)：13 - 19.

③ 王维国，杨晓华．我国国债与经济增长关系的计量分析——兼论国债负担对国债经济增长效应的影响 [J]. 中国管理科学，2006，14 (s1)：300 - 305.

④ 贾俊雪，郭庆旺．财政规则、经济增长与政府债务规模 [J]. 世界经济，2011 (1)：73 - 92.

⑤ 胡翠，许召元．对外负债与经济增长 [J]. 经济研究，2011 (2)：19 - 30.

⑥ 邓晓兰，黄显林，张旭涛．公共债务、财政可持续性与经济增长 [J]. 财贸研究，2013，24 (4)：83 - 90.

⑦ 徐长生，程琳，庄佳强．地方政府债务对地区经济增长的影响与机制——基于面板分位数模型的分析 [J]. 经济学家，2016 (5)：77 - 86.

⑧ 胡奕明，顾祎雯．地方政府债务与经济增长——基于审计署 2010 ~ 2013 年地方政府性债务审计结果 [J]. 审计研究，2016 (5)：104 - 112.

政府债务将推动经济增长，但在区域异质性的分析上，他们得出的结论与徐长生和程琳相反：地方政府债务对经济增长的推动作用在不发达地区更加明显。刁伟涛（2016）[①] 从空间关联性入手，以我国省级地方政府债务数据构建空间计量模型进行分析，认为在考虑了我国区域增长的空间关联性后，地方政府债务仍然对经济增长表现出明显的促进作用。孙英杰和林春（2018）[②] 则从全要素生产率的视角出发，认为财政分权体制下，地方政府债务显著推动了全要素生产率的提升，有助于经济结构向高质量转型。

我国地方政府债务自诞生之日起，就与土地等国有资产紧密关联（毛捷和徐军伟，2019）[③]。地方政府成立投融资平台以出让土地使用权补充财力、进行抵押融资等方式获取建设资金。因此，在我国探讨地方政府债务对经济增长的影响时，围绕地方政府债务、土地出让收入和地价的相互关联是一个具有“中国特色”的分析角度。范剑勇和莫家伟（2014）[④] 构建了工业投资者－地方政府行为模型，认为地方政府扩大债务规模不仅可以以直接投资的形式刺激总产出，更能通过压低工业用地价格和配套基础设施建设实现工业投资的增长从而拉动总产出。马喜立（2018）[⑤] 也认为，地方政府可以通过调配土地资源的形式低价提供工业用地，并将债务资金投入到新型城镇化进程中以吸引外来人口和资金的流入，通过人力和资本的结合实现地区工业化发展。两篇文章也同时提到了合理控制债务风险的问题，地方政府债务规模过大可能使住宅用地出现价格上涨的趋势，并最终推高地价。

① 刁伟涛．空间关联下中国地方政府债务的经济增长效应研究［J］．云南财经大学学报，2016，32（4）：46－53.

② 孙英杰，林春．财政分权、地方政府债务和全要素生产率——基于省际面板数据的实证分析［J］．经济经纬．

③ 毛捷，徐军伟．中国地方政府债务问题研究的现实基础——制度变迁、统计方法与重要事实［J］．财政研究，2019（1）：3－23.

④ 范剑勇，莫家伟．地方政府债务、土地市场与地区工业增长［J］．经济研究，2014.

⑤ 马喜立．地区工业经济增长路径研究——基于政府债务的视角［J］．金融理论与教学，2018，151（5）：86－87.

2.1.2 地方政府债务对经济增长的负面作用

古典经济学认为，政府债务将导致资金的浪费性支出、影响资本积累，从而对经济产生负面影响。在 20 世纪 60 ~ 70 年代滞涨大背景下，凯恩斯主义受到广泛的质疑和批评，有相当一部分学者继承了古典经济学的思想，认为政府债务有害。Diamond（1965）① 认为，政府债务的扩张相当于未来的增税，会促使消费者提前消费，从长期来看将侵蚀储蓄和投资。Alesina 和 Tabemni（1988）② 认为，债务是需要偿还的，政府债务负担过重在长期必然导致税率上升，从而降低投资回报率进而减少投资。Elmendorf 和 Mankiw（1999）③ 从李嘉图等价的研究出发得出结论：政府债务的增加将导致公共储蓄下降，且这种下降将大于由此带来的私人储蓄的上升，从而提高长期利率挤出投资。Cochrane（2011）④、Teles 和 Mussolini（2014）⑤ 也认为，政府债务的扩张将导致长期利率上升，他们认为，政府债务扩张会增加经济的不确定性，将使投资者对未来产生增税或者通胀的负面预期，由此带来的长期利率上升将不利于资本积累和经济增长。DiPeitro 和 Anoruo（2012）⑥、Greiner（2013）⑦ 均通过计量实证验证了随着政府债务的增加将导致 GDP 和私人投资的下降，认为适当削减债务规模才能促进经济增长。

国内学者主要从债务规模过大可能带来的违约风险、风险外溢和对经济

① Diamond P A. National Debt in a Neoclassical Growth Model [J]. American Economic Review, 1965, 55 (5): 1126 - 1150.

② Alesina A, Tabellini G. Credibility and politics [J]. European Economic Review, 1988, 32 (2): 542 - 550.

③ Elmendorf D W, Mankiw N G. Chapter 25 Government debt [J]. Handbook of Macroeconomics, 1999, 1 (4): 1615 - 1669.

④ Cochrane J H. Understanding policy in the great recession: Some unpleasant fiscal arithmetic [J]. European Economic Review, 2011, 55 (1): 2 - 30.

⑤ Teles V K, Mussolini C C. Public debt and the limits of fiscal policy to increase economic growth [J]. European Economic Review, 2014, 66 (1): 1 - 15.

⑥ Dipeitro W R, Anoruo E. Government size, public debt and real economic growth: a panel analysis [J]. Journal of Economic Studies, 2012, 39 (4).

⑦ Greiner A, Fincke B. Public Debt and Economic Growth [J]. Quaderni Di Storia Economica, 2011, 11 (1): 415 - 427.

波动产生的影响来论述地方政府债务对产出的负面影响。刘尚希、于国安（2002）[①] 认为，地方政府债务尤其是隐性债务的扩大将加剧经济运行的风险。缪小林等（2013）[②] 通过计量实证得出结论：地方政府债务对经济增长的拉动作用不明显，在长期甚至会产生抑制的影响，该文章由此强调了控制债务风险的重要性。程宇丹和龚六堂（2015）[③] 通过构建财政分权模式下的 Stackelberg 博弈模型得出结论：国债规模的增加将对经济产生负面影响，若地方政府征收扭曲性的税收偿还债务，则地方政府债务规模的增加也会对经济产生负面影响。郭庆旺和赵旭杰（2012）[④]、项后军（2017）[⑤] 通过研究发现，地方政府债务将带来投资波动从而导致经济波动，影响宏观经济的稳定，并且这种影响机制会通过土地财政和政治周期得到强化，加剧经济波动。孙烨和韩哲（2019）[⑥] 则认为，我国地方政府债务对经济增长的负面影响已经显现，而且在经济欠发达地区表现得尤为明显。

2.1.3　地方政府债务对经济增长的非线性影响

随着政府债务理论研究的深入，越来越多的学者开始相信地方政府债务与经济增长间的关系不是简单的线性关系，而是非线性的。所谓地方政府债务与经济增长间的非线性关系是指地方政府债务规模或负债率存在一个阈值，当实际债务规模或负债率低于阈值时，地方政府债务的增加将促进经济增长，当实际债务规模或负债率超过阈值时，由于债务风险过大可能对经济产生紧缩的负向影响。当前学界有相当一部分学者持这种观点，所不同的是，不同学者计算出的债务阈值略有差异。

事实上自 2010 年前后，欧债危机的爆发促使大批国外学者开始研究债务

---

① 刘尚希，于国安．地方政府或有负债：隐匿的财政风险［M］. 2002.

② 缪小林，杨雅琴，师玉朋．地方政府债务增长动因：从预算支出扩张到经济增长预期［J］. 云南财经大学学报，2013（1）：84 – 91.

③ 程宇丹，龚六堂．财政分权下的政府债务与经济增长［J］. 世界经济，2015（11）：3 – 28.

④ 郭庆旺，赵旭杰．地方政府投资竞争与经济周期波动［J］. 世界经济，2012（5）：3 – 21.

⑤ 项后军，巫姣，谢杰．地方政府债务影响经济波动吗［J］. 中国工业经济，2017（1）：45 – 63.

⑥ 孙烨，韩哲．我国地方政府债务对区域经济增长的影响机制研究［J］. 数量经济研究，2019，10（4）：104 – 126.

阈值及其可能产生的非线性问题。Reinhart 和 Rogoff（2010）[①] 利用跨国面板的负债率数据和增长率数据进行回归发现，当政府债务的负债率低于 90% 时，政府债务对经济增长无显著影响，而当超过 90% 时，政府债务将显著阻碍经济增长。因此，各国政府债务的负债率阈值应当是 90%。这一结论在学界引起了广泛讨论。Checherita-Westphal 和 Rother（2012）[②] 对 Reinhart 和 Rogoff 的研究中可能存在的内生性问题进行讨论，运用工具变量的方法进行研究得出结论：政府债务规模与经济增长间存在“倒 U 型”的关系，负债率阈值在 90%～105% 之间。Baum（2013）[③] 选取了 12 个欧元区国家 20 年的时间序列数据进行实证发现，在短期当政府债务规模较小时，其对经济增长的影响显著为正；随着政府债务规模的增加，从长期来看，政府债务将显著抑制经济增长，阈值范围是 67%～95%。Checherita-Westphal 和 Rother（2014）[④] 经过进一步的研究指出，只有当政府债务支出全部进行公共项目投资时，其对经济增长才存在正向刺激的基础，并且最优政府债务规模是资本产出弹性的函数。

Egert（2013）[⑤]、Eberhardt 和 Presbitero（2015）[⑥] 等学者对这种单纯测算阈值的研究模式进行了反思。首先，政府债务对经济增长间是否存在一个清晰的阈值还需要更多实证的证明；其次，也是最重要的，一国经济增长远远不止是依托政府债务的扩张，国与国之间存在经济基础、政府制度、教育水平等因素的异质性，且政府债务资金的投向、管理和使用绩效也可能存在差异，因此给众多国家划分一个政府债务阈值的做法是不正确的，债务阈值应

① Reinhart, Carmen M, Rogoff, Kenneth. Growth in a Time of Debt [J]. Social Science Electronic Publishing, 2010.

② Checherita-Westphal C, Rother P. The impact of high government debt on economic growth and its channels: An empirical investigation for the euro area [J]. European Economic Review, 2012, 56 (7): 1392－1405.

③ Baum A, Checherita-Westphal C, Rother P. Debt and growth: New evidence for the euro area [J]. Journal of International Money & Finance, 2013, 32 (1): 809－821.

④ Checheritawestphal C, Hallett A H, Rother P. Fiscal sustainability using growth-maximizing debt targets [J]. Applied Economics, 2014, 46 (6): 638－647.

⑤ Égert B. The 90% public debt threshold: the rise and fall of a stylized fact [J]. Cesifo Working Paper, 2013, 47 (34－35): 3756－3770.

⑥ Eberhardt M, Presbitero A F. Public debt and growth: Heterogeneity and non-linearity [J]. Journal of International Economics, 2015, 97 (1): 45－58.

当存在异质性。

可以说，在欧债危机的同时段内，我国地方政府债务问题开始引起学界广泛注意。我国有部分学者开始借鉴国外有关政府债务阈值的研究，对我国地方政府债务与经济增长间的非线性关系以及地方政府债务的阈值测算进行了大量讨论。朱文蔚（2014）[①] 运用描述性统计的方法验证了地方政府债务对区域间经济增长的正向影响，并且还发现了经济增长速度具有收敛的特点，表明地方政府债务对经济增长存在阈值效应，只是当前尚未到达阈值。邱栎桦（2015）[②] 同时采用了 DSGE 模型和动态面板模型研究我国地方政府债务对经济增长的影响得出结论：短期内地方政府债务对经济有明显促进作用，长期来看则效应不明显，且地方政府债务与经济增长间存在明显的阈值效应，政府债务阈值为 20%。吕健（2015）[③] 以流动性视角进行分析，认为地方政府债务规模扩大将增加经济系统内的流动性，并依托官员晋升激励、基建投资、地方政府事权三大渠道拉动增长；而当地方政府债务规模过大时，流动性无法进入生产渠道而是用于偿还债务或者借新还旧，那么经济将会下行。吕健进一步指出，年新增地方政府债务占 GDP 的比重应小于 6%。陈诗一和汪莉（2016）[④] 通过构建三部门动态博弈模型得出结论：当政府行为不受债务规模约束时，地方政府债务与经济增长间存在明显的“倒 U 型”关系，并且他们还考察了不同债务口径的异质性影响，认为隐性债务在东部危害更大，而显性债务在中西部地区对经济增长的促进作用更明显。庄佳强等（2017）[⑤]、刁伟涛（2017）[⑥] 运用地方政府负债率的省级面板数据进行实证检验，认为地

---

① 朱文蔚，陈勇．地方政府性债务与区域经济增长［J］. 财贸研究，2014（4）：114－121.

② 邱栎桦，伏润民，李帆．经济增长视角下的政府债务适度规模研究——基于中国西部 D 省的县级面板数据分析［J］. 南开经济研究，2015（1）.

③ 吕健．地方政府债务对经济增长的影响分析——基于流动性的视角［J］. 中国工业经济，2015（11）：16－31.

④ 陈诗一，汪莉．中国地方政府债务与区域经济增长［J］. 学术月刊，2016（6）：37－52.

⑤ 庄佳强，陈志勇，解洪涛．我国地方政府性债务的非线性增长效应研究［J］. 当代财经，2017（10）：36－47.

⑥ 刁伟涛．债务率、偿债压力与地方政府债务的经济增长效应［J］. 数量经济技术经济研究，2017，34（3）：59－77.

方政府债务与经济增长间存在明显的非线性影响。韩健和程宇丹（2018）①、毛捷和黄春元（2018）② 也验证了地方政府债务对经济增长的非线性影响，并且指出我国东部和中西部省份之间存在异质性的债务阈值，且中西部省份由于偿债能力较弱导致债务阈值较低。陈菁（2018）③ 则认为，中西部欠发达地区地方政府债务对经济增长的促进作用更明显，债务阈值更高；但是一旦超过了债务阈值，则中西部地区地方政府债务对经济的负面作用更明显。周程和张永亮（2018）④、张中华和万其龙（2018）⑤ 均以私人投资作为考察指标探究地方政府债务对其的非线性影响，验证了二者之间存在“倒 U 型”的关系，并且他们还认为，负债率较高的省份对私人投资产生挤出效应的阈值较低。盛虎和刘青（2020）⑥ 以地级市为研究对象得出结论：我国地方政府债务对经济增长不仅存在非线性影响，而且该非线性影响还具有非对称性和区域异质性的特征。

2.2 地方政府债务风险研究

地方政府债务风险研究是目前国内外学术界一大关注热点。什么是地方政府债务风险？有哪些风险来源和表现形式？地方政府债务产生的风险是否会通过某些渠道传导至宏观经济，成为系统性风险？是否能建立地方政府债务风险预警系统以便政府部门能对之进行有效的监控和防范？这些都是地方政府债务风险研究中的热点领域，备受学术界和政府部门的关注。

---

① 韩健，程宇丹．地方政府债务规模对经济增长的阈值效应及其区域差异［J］．中国软科学，2018（9）：104－112.

② 毛捷，黄春元．地方政府债务、区域差异与经济增长——基于中国地级市数据的验证［J］．金融研究，2018（5）：1－19.

③ 陈菁．我国地方政府性债务对经济增长的门槛效应分析［J］．当代财经，2018，407（10）：35－46.

④ 周程，张永亮．地方政府债务膨胀对民间投资的门限效应——来自中国省际面板的实证研究［J］．中国经济问题，2018，No. 308（3）：93－105.

⑤ 张中华，万其龙．地方政府债务挤出了私人投资吗？［J］．现代财经（天津财经大学学报），2018，v. 38；No. 342（7）：5－20.

⑥ 盛虎，刘青．地方政府债务对区域经济增长的影响及传导机制研究［J］．金融经济，2020（2）：23－33.

2.2.1 地方政府债务风险来源与表现形式

Alberto 和 Tabellini (1992)① 认为，地方政府债务风险来源于其自身规模的膨胀，并认为随着政府债务规模的膨胀，地方政府债务风险将表现为两大形式：其一，无法偿还到期债务导致的违约风险；其二，由此带来的政府信用下降、货币贬值而引发的宏观风险。这一表述具有广泛的学术影响。郭琳和樊丽明 (2001)②、马海涛和吕强 (2004)③ 提出了类似的研究结论，认为地方政府债务风险分为两大层次，其一是诸如债务期限结构、债务规模、偿债利率等内部因素带来的违约风险；其二是由此带来的诸如对宏观经济和上级财政产生的外部风险。于海峰和崔迪 (2010)④ 着重分析了其中一大角度，即地方政府债务在不确定因素的影响下对社会经济造成的福利损失。缪小林和伏润民 (2012)⑤ 则从另一个角度进行分析，认为地方政府债务风险来源于债务规模超过了地方政府偿债能力的超常规增长。陈志勇等 (2015)⑥ 则主要从债务期限结构的内部因素出发，分析地方政府债务的风险特征并得出结论：我国地方政府债务主要表现出债务期限较短而投资回报率较长的特征，这种期限结构错配的特点极易带来流动性风险。

Hana (1998)⑦ 提出了经典的政府债务风险矩阵理论，以直接负债、或有负债、显性负债、隐性负债作为四个维度将政府债务分为显性的直接负债、显性的或有负债、隐性的直接负债、隐性的或有负债。这一理论的提出为地方政府债务风险的研究做出了创造性的贡献。以此为基础，国内部分学者认

---

① Alesina A, Tabellini G. Positive and normative theories of public debt and inflation in historical perspective [J]. European Economic Review, 1992, 36 (2-3): 0-344.

② 郭琳，樊丽明. 地方政府债务风险分析 [J]. 财政研究，2001 (5): 64-68.

③ 马海涛，吕强. 我国地方政府债务风险问题研究 [J]. 财贸经济，2004 (2): 12-17.

④ 于海峰，崔迪. 防范与化解地方政府债务风险问题研究 [J]. 财政研究，2010 (6): 56-59.

⑤ 缪小林，伏润民. 我国地方政府性债务风险生成与测度研究——基于西部某省的经验数据 [J]. 财贸经济，2012 (1): 17-24.

⑥ 陈志勇，毛晖，张佳希. 地方政府性债务的期限错配：风险特征与形成机理 [J]. 经济管理，2015 (5): 12-21.

⑦ Polackova H. Contingent government liabilities: a hidden risk for fiscal stability [J]. Policy Research Working Paper Series, 1998.

为，我国地方政府债务风险主要在于隐性债务风险的庞大和难以掌握。杨灿明（2013）[①] 认为，我国地方政府债务风险呈现隐性债务风险较大且较难监控的特点，指出隐性债务的重要表现形式和组成部分——地方投融资平台债务存在部分地区信息不明、数据不全和个体风险较大的现状。王朝才（2017）[②] 认为，我国显性债务风险总体在可控范围内，地方政府债务风险防范的焦点主要体现在隐性债务上。

众所周知，在我国新预算法颁布之前地方财政不允许列支赤字，也没有自行举债融资的权力。为了规避行政上的约束弥补发展资金的不足，我国地方政府普遍选择将土地使用权等国有资产注入实体，以成立投融资平台的方式寻求金融系统的信贷支持。因此，我国学术界有相当部分的文献重点研究和关注投融资平台债务这一具有中国特色的制度产物，将地方投融资平台债务作为地方政府债务的代理变量，以及把投融资平台风险作为我国地方政府债务风险的重要来源和表现形式。尤其是2008年之后，由于宽松刺激政策的出台，各地投融资平台数目和整体债务体量迅速增长，期间出现了大量的违规负债和低效投资，积累了严重的债务风险（魏加宁，2010）[③]。之后有不少学者进行了反思和思考，刘煜辉、张榉成（2010）[④] 认为，地方政府投融资平台缺乏主营业务和充足的资产支撑，空壳化严重，然而却背负着巨大的融资职能，极易产生违约风险。沈明高和彭程（2010）[⑤] 认为，投融资平台往往缺乏科学的财务管理体系，信息严重不对称，商业银行很难对贷款资金去向和项目风险做出有效的监控和评估。谢思全和白艳娟（2013）[⑥] 基于金融加速器机制的构建发现，地方政府和商业银行对投融资平台贷款具有“双冲动”效应，可能会使投

① 杨灿明，鲁元平．地方政府债务风险的现状、成因与防范对策研究［J］．财政研究，2013（11）：58－60.

② 中国财政科学研究院金融研究中心课题组，王朝才，赵全厚．地方政府举债模式研究［J］．经济研究参考，2017（72）：3－26.

③ 魏加宁，孙彬．地方政府投融资平台蕴藏巨大风险［J］．中国经济报告，2010.

④ 刘煜辉，张榉成．中国地方政府融资平台分析［J］．银行家，2010（6）：48－52.

⑤ 沈明高，彭程，龚橙．地方融资平台远虑与近忧［J］．中国改革，2010（5）：38－42.

⑥ 谢思全，白艳娟．地方政府融资平台的举债行为及其影响分析——双冲动下的信贷加速器效应分析［J］．经济理论与经济管理，2013，V33（1）：60－68.

融资平台贷款加速增长最终导致风险的不可控制。王国刚（2012）① 从我国财政体制入手，深刻地反思了投融资平台风险的累积，认为要想化解投融资平台债务带来的严重地方政府债务风险，需要从改革中央地方关系出发。

2.2.2 地方政府债务风险的外溢和传导

前文所综述的有关预算软约束问题和公共池问题的研究已经包含了我国地方政府债务风险外溢的传导机制。在我国财政分权和人事集权的体制下，中央政府往往会以“隐性补贴”——预算外财力支配权和人事升迁激励地方政府持续以政府投资拉动经济的模式推动地区产出增长。由于中央政府原本就存在这样的“制度暗示”再加上在我国目前的行政管理格局下，上级政府对下级政府存在隐性的债务担保，并对下级政府的债务负有近乎无限的连带责任，因此，地方政府会产生过度负债的道德风险，并将债务风险传导给上级财政（黄国桥、徐永胜，2011②；睢党臣、李盼，2013③）。

地方政府债务风险除了通过预算软约束机制外溢到上级财政以外，还存在对金融系统的外溢机制。由于我国地方上存在明显的金融隐性分权现象，即地方金融系统往往受到政府部门的干预或者基于对政府信用的信赖而对投融资平台、地方政府投资建设的项目等存在地方政府信用支持的投融资行为放宽融资约束，因而快速累积的地方政府债务规模将通过信贷渠道将风险外溢到金融系统（伏润民和缪小林，2017④）。不少学者也看到了地方政府债务风险对金融风险的传导，（马建堂等，2016⑤；苟文均等，2016⑥；

① 王国刚. 关于“地方政府融资平台债务”的冷思考［J］. 财贸经济，2012（9）：14－21.

② 黄国桥，徐永胜. 地方政府性债务风险的传导机制与生成机理分析［J］. 财政研究，2011（9）：2－5.

③ 睢党臣，李盼. 我国地方政府债务问题研究——基于财政风险视角下的动态可持续性分析［J］. 云南财经大学学报，2013（5）：17－25.

④ 伏润民，缪小林，高跃光. 地方政府债务风险对金融系统的空间外溢效应［J］. 财贸经济，2017，38（9）：31－47.

⑤ 马建堂，董小君，时红秀，等. 中国的杠杆率与系统性金融风险防范［J］. 财贸经济，2016，37（1）：5－21.

⑥ 苟文均，袁鹰，漆鑫. 债务杠杆与系统性风险传染机制——基于 CCA 模型的分析［J］. 金融研究，2016（3）：74－91.

魏伟等 2017[①]）在分析我国整体杠杆率水平尤其是非金融企业部门杠杆率的风险感染机制时，都指出地方政府的债务杠杆是引发系统性风险的一大重要感染源。

由于商业银行系统在各国金融体系内一直具有举足轻重的地位，尤其是在我国仍以间接融资为主导的金融格局下，商业银行的信贷支持或者基于银行信用的影子银行业务衍生——平台非标融资、信托贷款、银行间市场投资工具如 PPN、国企委托贷款等是我国地方政府重要的债务资金来源，因此，有部分学者在研究地方政府债务风险对金融系统的传导时以影子银行业务和商业银行为主要研究对象。Bonis 和 Stacchini（2013）[②]、Gennaioli（2018）[③]以政府债务的银行信贷渠道入手揭示债务风险的金融传导效应，认为政府债务风险的扩张将降低银行信用、提升不良贷款率。吴盼文（2013）[④]、毛锐等（2017）[⑤]、熊琛（2018）[⑥] 通过构建包含商业银行流动性约束的 DSGE 模型，刻画了地方政府债务风险、金融风险的相互传导和累积叠加机制，认为在商业银行大量持有地方政府债务的前提下，地方政府债务风险的累积将传导到银行体系内，影响金融系统稳定。韩立岩和丁丁（2018）[⑦]、韩健和向森渝（2018）[⑧] 认为，以城投债、非标项目融资、地方政府 PPP 项目和政府引导基金存在的违规融资举债和担保为主要形式的隐性债务是商业银行重要的风险

---

① 魏伟，陈骁，张明．中国金融系统性风险：主要来源、防范路径与潜在影响［J］．国际经济评论，2018，No. 135（3）：9 + 127 – 152.

② Bonis R D，Stacchini M. Does Government Debt Affect Bank Credit? ［J］. International Finance，2013，16（3）：289 – 310.

③ Gennaioli N，Martin A，Rossi S. Banks，Government Bonds，and Default：What do the Data Say?［J］. Social Science Electronic Publishing，2018，14（120）.

④ 吴盼文，曹协和，肖毅，等．我国政府性债务扩张对金融稳定的影响——基于隐性债务视角［J］．金融研究，2013（12）：57 – 71.

⑤ 毛锐，刘楠楠，刘蓉．地方政府债务扩张与系统性金融风险的触发机制［J］．中国工业经济，2018（4）：19 – 38.

⑥ 熊琛，金昊．地方政府债务风险与金融部门风险的“双螺旋”结构——基于非线性 DSGE 模型的分析［J］．中国工业经济，2018，369（12）：23 – 41.

⑦ 韩立岩，丁丁．地方政府债务风险研究综述［J］．中国金融学，2018（3）：65 – 81.

⑧ 韩健，向森渝．地方政府隐性债务诱发系统性金融风险的路径与防范［J］．财会月刊，2018（24）：9 – 13.

感染源。尹旭（2018）① 则主要以地方政府显性债务为研究视角切入，指出地方商业银行持有了大量的新增债券和置换债券，导致地方政府债务风险积聚到了商业银行内，并且由于地方政府掌握着大量行政和财政资源，导致债券定价机制受到人为扭曲，降低了商业银行的资产流动性。

地方政府债务风险将外溢到金融系统中，同样金融风险也可能传导地方政府债务风险，金融风险对地方政府债务的传导和感染主要体现在影子银行的业务特性上。影子银行能够帮助地方政府和投融资平台规避监管，扩大地方政府的融资渠道，但是由于其本身具有的高利率、高杠杆和期限错配的特点，以影子银行为建设项目融资的方式将最终增加地方政府的偿债压力（张平，2017②）。吕健（2014）③ 通过构建动态空间杜宾模型实证检验了影子银行对地方政府债务的推动作用。赵颖岚等（2017）④ 首先构建了全国各省的债务风险指标，并以影子银行利率作为解释变量进行研究，验证了影子银行高利率的融资模式将显著提高地方政府债务风险。

2.2.3　地方政府债务风险的预警研究和可持续分析

可以说，在短期内我国依托地方政府投资、以物质资本积累拉动地区经济增长的模式不会发生大的改变，那么，我国地方政府债务风险的防范和管理就是一个长期的系统工程。要想严格控制地方政府债务，尤其是新增债务规模、严格防范债务风险的非正常累积和外溢，首先需要构建一套行之有效的风险预警机制，对地方政府债务的财政可持续性进行研究。对此，国内外有不少学者都进行了相关研究。

IMF 于 2002 年从债务规模风险、偿还能力风险和经济现状风险三个维度

---

① 尹旭．地方政府性债务风险成因及其向金融领域传导路径研究［J］．中国内部审计，2018（10）：88 – 93.

② 张平，张丽恒，刘灿．我国省级地方政府债务风险影子银行化的成因、途径及其控制［J］．理论探讨，2016（6）：73 – 78.

③ 吕健．影子银行推动地方政府债务增长了吗［J］．财贸经济，2014，35（8）：38 – 48.

④ 赵颖岚，张鑫杰，倪克勤．影子银行利率提高了我国地方政府债务风险吗？——基于省际面板数据模型［J］．四川大学学报（哲学社会科学版），2017（6）：104 – 119.

出发提出了一套债务可持续性评价体系（DSA），其中涵盖了债务负担指标选取、预警阈值设定、宏观经济和融资状况假设、外部风险评价四个方面①。在此基础上，裴育、欧阳华生（2006）② 提出了预警指标选取的基本原则和组织体系，并构建了一套包含债务负担率、债务依存度、财政支出补偿系数等涵盖了短期偿还能力和长期偿还能力的风险预警体系。当然，完整的地方政府债务风险预警研究除了要给出一套能描述风险现状和发展趋势的指标体系以外，还需要建立预警模型、分配指标权重、计算风险指标系数等。章志平（2011）③ 基于灰类聚类分析法构建了一套风险预警模型，并计算了地方政府债务风险综合值。庞晓波和李丹（2015）④ 以债务负担率作为测算地方政府债务风险的基础，通过经验递归模型求解债务负担率的遍历分布，定量测度中央政府债务风险，并依据负债率上限间接测度地方政府债务风险。

除了构建预警指标体系，主要以债务负担率变化评价地方政府债务风险以外，有部分学者利用结构化的方法计算债务违约概率测算风险。基于 Black-Scholes-Merton 的期权定价模型，学界发展出了未定权益法（CCA），用于估计债务企业的违约概率。CCA 方法假设企业资产价值满足正态分布，测算出不同债务规模下的违约距离和违约概率，并以此确定合适的债务阈值（Gapen，2008）⑤。国内学者，如沈沛龙和樊欢（2012）⑥ 采用了该方法测算地方政府债务风险。美国 KMV 公司提出了另一种常见的风险预警模型即 KMV 模型，其原理与 CCA 模型类似，通过测算企业违约概率计算债务阈值。国内

① 熊婉婷，常殊昱，肖立晟. IMF 债务可持续性框架：主要内容、问题及启示［J］. 国际经济评论，2019（4）：44－62.

② 裴育，欧阳华生. 地方政府债务风险预警程序与指标体系的构建［J］. 当代财经，2006（3）：36－39.

③ 章志平. 中国地方政府债务风险灰色评估和预警［J］. 统计与决策，2011（15）：135－138.

④ 庞晓波，李丹. 中国经济景气变化与政府债务风险［J］. 经济研究，2015（10）：18－33.

⑤ Gapen M，Gray D，Cheng H L，et al. Measuring and Analyzing Sovereign Risk with Contingent Claims［J］. Imf Staff Papers，2008，55（1）：109－148.

⑥ 沈沛龙，樊欢. 基于可流动性资产负债表的我国政府债务风险研究［J］. 经济研究，2012（2）：93－105.

学者，如徐占东（2014）[①]、王俊（2015）[②] 就将 KMV 模型引入到了地方政府债务风险分析中，据此构建预警模型。

另有部分学者致力于以政府资产负债表入手，通过构建可持续性分析框架来预警当前债务风险，判断合适的债务规模范围。洪源和李礼（2006）[③] 以圭多提和库莫提出的资产负债框架为基础，以政府收支流量为主要变量，构建了地方政府债务可持续性动态模型。缪小林和伏润民（2014）[④] 在分析了一级单一主体政府债务可持续性影响因素之外，还构建了二级单一主体政府债务可持续性的分析框架，并以此测度我国地方政府债务的可持续性。赵仑和杨扬（2019）[⑤] 以中国社会科学院《中国资产负债表（2017）》为基础，通过分析地方政府可偿债资产和负债的组合风险来评估地方政府债务风险。

2.3　文献述评

综上所述，学界支持地方政府债务对经济增长有促进作用的观点往往从凯恩斯主义经济学思想和公共产品理论出发。地方政府债务规模在较低的水平下扩张能够增加公共资本的积累，尤其是在短期内，公共资本的增加带来的生产效率的提升能够吸引私人投资，提高投资回报率从而压低利率，最后通过全社会资本积累的增加带动经济增长。学界支持地方政府债务对经济增长的负面影响往往是从长期来看。当地方政府债务持续增长时，政府就会有增加税费偿还债务的压力，并对投资者产生紧缩的市场预期，另外，地方政府债务长期增长会导致长期利率的上升，产生通货膨胀降低资本的实际利润，并最终对私人投资产生挤出效应。另外，通过对地方政府债务风险研究的学术成果进行梳理，尤其是通过研究地方政府债务风险对财政系统和金融系统

---

① 徐占东，王雪标．中国省级政府债务风险测度与分析［J］．数量经济技术经济研究，2014（12）：38－54.

② 王俊．地方政府债务的风险成因、结构与预警实证［J］．中国经济问题，2015（2）：13－25.

③ 洪源，李礼．我国地方政府债务可持续性的一个综合分析框架［J］．财经科学，2006（4）：96－103.

④ 缪小林，伏润民．我国地方政府债务可持续性测度研究——基于单一主体模型分析［J］．当代财经，2014（8）：30－40.

⑤ 赵仑，杨扬．基于资产负债分析的地方政府债务风险测算研究［J］．商业研究，2019（5）：27－36.

的风险外溢，以及地方政府债务的可持续性，我们可以对长期以来依赖地方政府债务刺激经济带来的危害有更清醒的认识，那就是一旦债务规模超过可承受的能力范围，将造成宏观经济的紧缩。由此，学界催生了地方政府债务对经济增长非线性影响的看法。

学界对地方政府债务经济增长的非线性影响做了大量的研究工作，成果不可谓不丰富，有定性的描述，当然，也有大量的实证研究，其中还有债务阈值的测算和异质性描述。国外学者率先在这一领域展开大量研究，以欧债危机下的政府债务问题为研究背景，对政府债务阈值进行了大量的测算。虽然国外学者大多没有直接研究地方政府债务的阈值问题，但是他们的研究推广了债务阈值的思想和研究方法，国内学者将国外学界的研究灵活运用到我国地方政府债务非线性影响研究以及债务阈值测算上。

一般而言，国内学界在研究地方政府债务对经济增长的非线性影响时，往往直接构建门限回归模型加以计量实证，而理论机制分析则相对单薄，因此，本书所作的工作首先是研究范式上的创新，通过将定性描述、DSGE 模型的政策冲击模拟、实际数据的实证研究相结合，构建一条较严密的逻辑论述链条；其次，本书在前人的基础上将地方政府债务短期和长期对经济的影响进行结合，并且加入我国土地财政的特殊要素进行分析，完善定性分析的传导链条；最后，本书在前人的基础上尝试对我国东部和中西部地区债务阈值的异质性进行分析，这也是现有文献中较少见到的。

第3章　地方政府债务对经济增长非线性影响的理论基础

综合来看，国内外文献中研究地方政府债务对经济增长影响的文献不少，但是，总体呈现出国内文献较多而国外文献直接关注较少的特点。因此，能够直接提炼出的地方政府债务对经济增长影响的理论较少，而能直接拿来作为地方政府债务对经济增长非线性影响的理论基础则更是“凤毛麟角”。究其原因则在于，地方政府债务，首先在我国是一个具有相当“中国特色”的产物。我国地方政府债务是我国包含政府治理架构、财税体制、人事选拔制度、经济增长模式在内的制度产物。其次，作为现代经济学发源地的西方学界，由于主要是以联邦制财政为研究背景，因此直接提及地方政府债务经济增长效应的理论相对较少，相关研究往往是从经典的政府债务理论中进行展开和延伸。最后，地方政府债务对经济增长的非线性影响在我国暂时是一个经验论断，结合我国经济发展的历史看，地方政府债务的作用表现出较强的非线性特点，虽然有不少学者进行了实证检验，但都不足以上升到理论基础的高度。

虽然不能直接有“拿来主义”的理论基础，但前人的研究仍然是我们进行理论分析和传导机制分析的重要依靠，特别是在地方政府债务对经济增长非线性影响的分析框架下，短期内地方政府债务对经济增长存在促进作用；长期来看，随着债务规模增加，地方政府债务将抑制经济增长的理论分析仍旧分别能从有效需求理论、内生增长理论、公共产品理论等经典经济学理论当中吸取养分。因此，本章将系统梳理经济学理论中有关政府债务对经济增长影响的相关论述。

3.1 古典主义与新古典主义经济学

古典主义与新古典主义经济学都秉持自由主义的经济学思想，反对政府干预，且对政府债务普遍持负面观点，认为政府扩张债务的行为将打击私人投资，这对分析长期内地方政府债务对经济增长的负面影响具有一定借鉴意义。

现代经济学课本中有关政府债务的理论来自西方经济学思想，最早可以追溯到亚当·斯密的古典主义经济学时代。亚当·斯密推崇“小政府”思想，不主张政府干预市场，自然也就认为由政府开支膨胀而导致的政府债务是属于政府的“越界”行为，资金被政府以消费甚至寻租的形式浪费掉了，挤占了私人生产性资本的积累。亚当·斯密认为，政府举债就意味着社会资金由生产性资本向消费型支出转变，公债并不能增加社会生产资本的总量，而是将本来用于生产的资本消耗在非生产领域，改变了社会总资本结构，生产性资本的占比被扣除了相应的比例。“除特殊情况之外，政府借债当年就消耗、消费掉了，不能再指望其将来生产些什么”。政府的债务资金大多投向非生产性的领域，对资本造成了无谓的消耗，减少了本应用于生产的资金，对经济发展和社会财富的积累产生消极影响。亚当·斯密觉得政府举债行为使私人资本转向财政用途几乎是必然的，这会大大影响到工商业的发展；公债还会推高利率，增加企业发展的困难；而且用债务资金来填补财政缺口会放松财政预算的管理，影响到全社会的资源配置效率。

除了亚当·斯密的观点以外，古典经济学家中的政府债务理论以李嘉图的“李嘉图等价”最为著名。他继承和发展了亚当·斯密的自由主义经济学思想，认为努力限制国家活动和政府规模、大力削减税收负担是促进经济增长的最优解，政府债务的扩张将损害私人资本的积累，因此，李嘉图总体上对政府公债持否定态度。李嘉图还认为，政府发行公债相当于扩大征税，征税具有直接性，民众会更容易感受到负担，而举债具有欺骗性，掩盖住了其背后转嫁的负担。正因为如此，李嘉图认为，政府当局弥补财政赤字的方式应该是增加税收而不是发行公债。

古典经济学的自由市场理论在大萧条和资本主义的黄金发展时期受到了巨大挑战，相对应地人们对政府债务的认识也发生了变化，凯恩斯学派大力提倡赤字财政的需求管理理论，认为政府债务是重要的宏观调控工具，能够用来刺激社会总需求。然而，随着 20 世纪 70 年代滞涨的来临，学界开始重新审视凯恩斯主义学派的观点，新古典经济学派崛起并倾向于批判政府的过度干预，受此影响，新古典主义经济学派偏向于政府债务将妨碍经济正常运行这一观点。经济学家布坎南认为，政府债务本质上是一种未来收入，若债务资金用于政府消费性支出，相当于透支未来的税收进行消费，会对资产价值造成耗损并导致社会财富的缩水。莫迪利亚尼基于生命周期理论的研究指出，公债的债务负担存在代际转移的现象。他认为，公债发行的唯一标准应该是对债务负担的衡量，包括国家的当期负担和将由下一代所承担的负担。莫迪利亚尼同时还认为，发行公债会对私人投资和总产出产生挤出效应，相比于税收而言，即使在充分就业的条件下，政府扩张债务也会降低国民收入。美国经济学家萨金特研究发现，相较于征收铸币税，用发行公债来弥补政府财政赤字的方式更容易造成通货膨胀。同时，萨金特还提出，政府债务的不断累积会提高实际利率水平，进而导致债务负担如滚雪球般不断累积，迫使政府最终只能向中央银行透支或借款，而这一行为将直接导致通货膨胀，因此，政府应该严厉控制债务规模。

3.2　凯恩斯主义与新凯恩斯主义

众所周知，凯恩斯主义经济学思想认为，政府应当承担起“总需求管理”的宏观调控责任，尤其是在经济下行乃至萧条阶段，政府应当果断增加支出，削减税收乃至增加债务来刺激总需求。而追根溯源，凯恩斯主义有关政府债务的理论与马尔萨斯的经济学思想一脉相承。虽然古典经济学派普遍认为政府债务有害，但同时代的经济学家马尔萨斯却坚持“公债有利”的观点。他认为，过度储蓄不利于供给创造需求，而适当发行政府公债不仅可以增加有效需求，同时也能促进社会资源的再分配，政府可以用这种方式将社会闲散资金集中起来促进生产力的提高。马尔萨斯的这一观点后来成为了凯恩斯公债理论的重要借鉴。

20世纪30年代，西方资本主义世界爆发了严重的经济危机，经济萧条席卷全球，带来了深重的历史影响，在经济学学术界，经济大萧条严重冲击了古典主义经济学有关自由市场和小政府的思想，促进了政府债务理论的进一步发展。这场危机的发生否定了“供给自创需求”的理论，引发了对资本主义经济系统的内部稳定机制的普遍怀疑，学界和政界开始摈弃自由放任的自由主义思想转而主张政府干预。在此背景下，凯恩斯主义蓬勃发展。凯恩斯认为，造成经济大萧条的主要原因是有效需求不足，政府应当积极干预市场运行，不惜采取“赤字财政”增加政府债务的政策增加有效需求，从而保证充分就业和经济繁荣。

凯恩斯认为，个人的经济行为受制于宏观经济走势，经济社会总需求（包含消费需求、投资需求）的减少是宏观经济衰退的主因。由此出发，想要重新维持经济活动的一般均衡，需要从宏观上重新协调总供给和总需求的平衡，而在有效需求不足的情况下，政府应当通过赤字性财政、发行公债来扩大政府消费性、投资性支出，通过减税和增加支出来刺激社会的边际消费需求，引导私人投资产生乘数效应，进而直接或间接地扩大总需求，带动国民经济的增长，从而重新实现充分就业和经济繁荣。在这里，很明显地可以看出，公债作为一种积极的政策选择，是经济危机时期实现宏观调控、刺激总需求的重要政策工具。

美国经济学家汉森继承了凯恩斯的观点，认为发行政府债务是抵抗经济萧条的有力工具，发行公债有利于国民经济的繁荣发展，并能增加国民收入水平，促进就业。汉森进一步认为，实现充分就业对经济社会的稳定至关重要，而要保证就业就要使收入的增长与生产力水平的提高相一致，因此，在汉森看来，发行债务刺激经济，对于增加收入、保障就业具有重要意义。他还认为，政府可以依靠借新债还旧债的方式延长偿还期，使得债务具有可持续性。更重要的是，汉森认为，对公债规模的合理控制是调节经济的重要工具：当经济下行时，政府应该发行公债为购买性支出融资；当经济繁荣时，则应减少发行新增债务、缩减政府支出、控制政府债务规模并尝试削减公共债务。

美国经济学家萨缪尔森认为，发行公债不仅可以为财政赤字融资，进而增加政府开支以刺激消费和投资，而且还能放大货币政策效果。萨缪尔森认为，公债规模会影响实际利率水平，进而影响货币供应量。他还认为，公债对经济发展的影响与债务资金的投向密切相关，如果债务资金用于政府投资，那么不仅能直接增加公共资本供给，而且能引致私人投资的增加进而增加整个社会的资本存量；相反，如果债务资金单纯用于消费，用于增加资本品的消耗，而不是用于增加积累、扩大生产规模，那么政府债务规模的膨胀将最终带来通货膨胀，将对宏观经济产生消极影响。

经过 20 世纪 70 年代滞涨的“洗礼”以及与新古典主义经济学的论战交锋，凯恩斯主义经济学也在不断发展变化，并且不断地充实自己原本较薄弱的微观基础，最终演化出了新凯恩斯主义经济学思想。新凯恩斯主义经济学对政府债务的态度与凯恩斯主义经济学相比没有太大的变化，经济学家曼昆就认为，政府债务能够遏制经济下行的趋势，不仅能增加实际产出而且能使潜在产出曲线也向上移动。同时，新凯恩斯主义经济学提出了分析价格黏性和工资黏性的逻辑框架（如曼昆经典的菜单成本理论），并基于黏性分析框架得出结论：经济的一般均衡状态并不稳定，当出现供需失衡时，由于价格黏性和工资黏性等因素的存在，市场无法实现自发的修复，因此需要政府拥有一定程度的市场介入能力，而通过举借债务为政府投资融资就是可靠的政策工具之一。除此之外，新凯恩斯主义经济学的贡献还在于提供了一整套模型研究基础，本书接下来会使用的 NK-DSGE 模型，其模型的构建思路、构建框架和建模逻辑诸如投资调整成本、价格黏性等研究假设就脱胎于新凯恩斯主义经济学的思想。

3.3　经典的经济增长理论

在凯恩斯短期分析的基础上，英国经济学家哈罗德和法国经济学家多马提出了著名的哈罗德 – 多马模型，开启了经济学研究中分析经济增长的新篇章。该模型弥补了凯恩斯主义的不足，从长期视角对经济增长的影响因素进行了研究。哈罗德 – 多马模型认为，决定经济长期稳定增长的基本条件是：

实际经济增长率（取决于有效需求）、有保证的经济增长率（取决于资本家的投资意向）以及自然增长率（取决于人口和技术进步）的三者相等，然而，这三种经济增长率相等只有在特定的条件下才会实现，因此，这也否定了资本主义经济长期稳定运行的可能性。该模型还强调了储蓄率对于经济增长的作用，即通过提高储蓄和投资能推动经济增长；同时，发达国家通过资本转移（发展援助）能够促进发展中国家的经济增长。索洛在哈罗德－多马模型的基础上设计了新古典经济增长模型。索洛模型认为，总产出水平受到储蓄率、人口增长率以及技术进步等因素的影响，但是从长期来看，经济增长最终只取决于外生变量，即技术进步。储蓄率的增加短期内虽然能促进投资，然而，随着时间的推移，资本的边际收益递减，投资机会减少，最终经济增长曲线又会回到原来的稳定状态。所以，索洛模型给出了一个经典结论：只有技术进步才具有增长效应，其他的要素诸如储蓄率的提高、人口增长率的提高只具有水平效应，只能改变稳态时的产出水平而无法影响稳态时的经济增长率。

20 世纪 80 年代，在索洛模型的基础上，以罗默的知识溢出模型和卢卡斯的人力资本模型为代表，西方经济学界构建起了新的经济增长理论，即内生经济增长理论，进一步丰富了长期经济增长的解释力度。索洛认为，长期经济增长将最终取决于技术进步，并且技术进步是给定的外生变量，而罗默将技术进步纳入内生增长模型，使其作为模型的内生变量，并进一步认为，由于技术进步和知识资本的积累，原本的资本边际效益递减规律将不再适用于解释长期经济增长。与罗默的研究相似，卢卡斯将资本划分为物质资本与人力资本，并将上述概念引入了对经济增长的解释模型当中。卢卡斯和罗默均认为，技术进步是内生的，会受到知识积累和人力资本的影响，因此，新古典经济增长模型（索洛模型）中认为的资本边际收益递减的观点不再适用，在内生增长模型中，物质资本确实存在资本边际收益递减，然而人力资本、知识资本却呈现出边际收益递增的特征。因此，根据内生经济增长理论，内生的技术进步、知识资本积累乃至制度变革才是对长期经济增长起决定性作用的影响因素。

3.4　公共产品理论

公共产品理论首先告诉我们的就是公共产品的属性原则，这是我们划分政府事权的重要依据，同时也是地方政府需要维持必要的开支以提供本区域公共产品的重要理论依据。按照公共产品理论，可依据公共产品的外部性范围将其划分为全国性公共产品和地方性公共产品。其中，地方基础设施的受益范围决定了它是典型的地方性公共产品。一般而言，地方性公共产品在其受益范围内不具排他性，反之，则具有了排他性，但由于地方公共产品具有外部性，并且其成本和收益基本上还是在本区域内，因此中央政府也可以为地方提供公共产品。但是，通常不同地区的居民偏好并不相同，对一定的区域性公共产品需求量也是不同的，中央提供地区公共产品的做法很容易造成居民的公共产品偏好与实际受益之间的差异。所以，从这个角度来看，只有当地政府才最了解地方公共产品的真正需求，这种优势会更好地帮助地方政府执行地方性经济政策和提供地域性公共产品。这也是地方政府通过发行公债为地区建设性支出融资的理论依据。

另外，从物品消费属性出发，公共产品理论揭示的公共产品内涵和基本特征也是政府在配置社会资源中进行职能定位的理论依据。市场机制自发的配置资源是自由主义学派的根本观点，但是，实践证明市场也有失灵的时候。当市场运行中出现垄断、信息不对称、外部效应和需要提供公共产品等情况时，市场就不完全有效。这个时候政府应该就市场失灵的领域进行积极干预，保证市场经济的正常运行。政府要在宏观调控上有所作为，就要在市场失灵的时候，担负起弥补市场无效的责任，主要手段就是提供公共产品。按照公共产品是否具备非竞争性和非排他性的特性，我们可以把公共产品划分为纯公共产品和准公共产品。根据经济学原理，政府有责任提供纯公共产品，而准公共产品的供给则应根据实际情况由政府和市场共同分担。尽管如此，由于市场失灵的存在，政府有义务承担提供纯公共产品和准公共产品中任意一种产品的责任。

明晰了提供公共产品的必要性后，那么政府该如何提供公共产品呢？根据受益原则，本年度受益的公共产品成本为经常性支出，一般由税收支付，多个年度受益的公共产品成本为资本性支出，其收益与支出不匹配，因此，政府可以通过举债融资的方式使多个年度受益的公共产品成本在各代之间公平合理分配。也就是说，以举债的方式提供公共产品能够确保代际公平原则，使提供公共产品的成本和由此带来的收益在代际之间公平分配。因此可以说，公共产品理论为地方政府举债提供了坚实的理论基础。

3.5 现代货币理论（MMT）

MMT 理论本质上是有关货币与财政协调搭配的一套宏观调控理论。传统的财政理论认为，政府发债是基于收支平衡的考虑，为了弥补赤字，为支出融资；而 MMT 理论认为，主权政府不应为支出发债融资，也不应维持财政平衡，财政政策的目的是为了实现充分就业，应体现其功能性，而政府的债务行为是货币创造的行为，政府发行债务的主要目的是借此进行公开市场操作，稳定市场利率，实现以政府债务和赤字增加私人部门盈余的目标。MMT 完全肯定了政府债务的正面作用，并认为传统货币政策对经济的刺激作用有限，主权政府在几乎不可能破产的前提下（只要能偿付债务利息，理论上就可以不断滚动债务），只要将财政赤字做货币化处理，以削弱央行独立性为代价，由央行直接吃进政府债务，不仅可以直接有效地向市场释放流动性，有效压低融资成本，还可以在低利率和宽松货币环境下低价偿付海量的债务利息，从而在债务规模不断积累的条件下，维持一定的财政可持续性。

事实上，MMT 理论的提出，以及近十年来全球货币政策普遍宽松，全球杠杆率和资产价格持续高企的现状，引发了对债务可持续性问题的普遍思考。基于 MMT 理论，当下逐渐流行的观点认为，只要能维持低利率水平，保证较低的政府债务利息负担，保持利息支出与 GDP 的合适比重，债务空间就是存在的；同时，在低利率的基础上，如果能进一步确保政府债务的合理投资，推动经济持续增长，以“时间换空间”，那么政府债务就有其可持续性。但是，MMT 理论也有明显的局限性和副作用，在基准利率并未长期处在零利率区间，经济运行并没有明显处于流动性陷阱时，MMT 理论带来的赤字货币化操作极有可能导致通货膨胀尤其是资产价格的通胀，反而对经济增长产生负面影响，并且有可能造成政府对低利率和债务驱动经济增长的路径依赖，从而导致债务规模不断累积。

3.6　本章小结

本章的主要意义在于为接下来的传导机制分析、DSGE 模型分析和计量分析打好理论基础，从主要的经济学流派和思想中我们可以汲取有关政府债务理论的论述，并将之进行提炼、整理和重塑，使之服务于本书的写作，最终形成我国地方政府债务对经济增长非线性影响的逻辑分析框架。凯恩斯主义经济学和以 DSGE 模型为典型代表的新凯恩斯主义经济学侧重于强调政府债务，和由此增长的资本性支出的重要性。政府通过举借债务增加公共资本积累不仅可以刺激总需求，并且结合公共产品理论，公共资本的正外部性还可以引致私人投资，从而推动经济增长。但是，自由主义经济学流派认为，政府举债会挤占私人投资，而且过多的政府债务会导致长期利率上升，从而减少私人资本的积累；同时，现代货币理论（MMT）也为我们衡量政府债务打开了新的视角，政府债务的激增极有可能带来通货膨胀，尤其是资产价格通胀，而由此带来的对债务可持续性的新理解，也极有可能造成经济对低利率和债务驱动的路径依赖，存在较大的不确定性和不稳定性。两大“门派”的经济学思想为本书研究我国地方政府债务与经济增长关系的问题提供了不同的视角，从中我们可以梳理出非线性影响的脉络。是否随着地方政府债务规模的增长，我国地方政府债务对经济增长的影响就会呈现不同的结果呢？是否短期内我国地方政府债务在债务风险不大的情况下，对经济增长的促进作用更明显，而随着债务规模的积累，地方政府债务会反过来阻碍经济的长期稳健增长呢？这些问题都能够以本章的理论梳理为基础，在下文章节的分析中找到答案。

第4章　我国地方政府债务的成因、历史沿革与现状

4.1　我国地方政府债务的成因分析

经典的债务理论认为，提供公共产品和公共服务，是各级政府债务产生的重要原因。在多级政府的行政架构下，基于信息不对称等因素的影响，由当地地方政府提供区域内公共产品要比由单一中央政府提供更具效率，并且地方政府在提供公共产品时采用债务融资的方式同样更具效率。除此之外，由政府负债的方式提供公共服务体现了代际公平原则，提升了资源配置的效率；与税收融资相比，地方政府通过举债融资还可以降低公共服务的运营成本，调剂暂时性的财政收支缺口，并且能够使地方财政受到来自市场的约束，倒逼地方政府改善自身的财政管理。

国外经典债务理论的研究背景多为财政联邦制下的政府间关系，而我国是典型的单一制国家，存在不同于国外的"中国国情"。分税制改革以来，受到财政分权、政府行为和经济增长模式等体制性因素的影响，我国政府债务尤其是地方政府债务规模迅速飙升，其中还衍生出了投融资平台执行地方政府投融资职能这一具有鲜明中国特色的制度安排。由此可见，在探讨和分析我国地方政府债务成因的研究中，我们既需要学习借鉴西方学界、实务界的经验和知识，更应该从中国的实际情况出发；经过总结和分析，我国地方政府债务产生和积累的主要成因如下：

第一，财政分权体制下，地方政府事权、财力不匹配。

分税制改革以来，中央和地方政府间逐渐形成财权上移，事权下沉的财政关系，导致地方政府出现事权与财力不匹配的状况。地方政府为了应付不

断加强的事权要求，只能通过债务融资的方式弥补财力的不足。也就是说，现阶段的分税制改革虽然解决了税收收入划分的问题，但没有解决地方政府事权、财力匹配的问题，事权划分的模糊表明了分税制改革暂时进行得不彻底，地方政府往往需要举债才能跟上中央的脚步。

从某种程度上说，财政分权体制下，地方政府事权、财力的不匹配也反映了当前我国中央与地方财政关系并未完全理顺。财政分权体制下，协调各级政府财政关系的重要工具是转移支付制度，地方政府举债融资的模式不仅反映出事权、支出责任与财力间的不匹配，同时也反映出我国转移支付制度仍存在较大的改革空间。而省政府以下各级政府间财政关系的协调作为央地财政关系的重要组成部分，也有待进一步理顺。因此，财政分权体制下，地方政府事权、财力不匹配本质上体现的是我国政府间财政关系的协调问题。

第二，地方政府GDP竞标赛和官员晋升激励。

经过研究可以发现，我国地方政府债务存在两大明显特点：其一，债务资金往往投向基建项目建设，而并非行政事务性开支；其二，区域经济增长是地方主政官员晋升考评中的主要评价指标。这两大特征说明，在我国，“以GDP论英雄”的官员考评晋升体系和地方政府激励机制是导致债务膨胀的重要因素。我国财政分权的同时往往伴随着政治和人事上的集权，在自上而下的官员任免机制和以“GDP论英雄”的政绩考核机制下，我国各地区的主政者事实上都是“政治竞标赛”的参赛者，为了突出自己的政绩谋求升迁，地方官员们调配手中的财政资源投资政绩工程和基础设施建设，在推动了我国区域经济发展和城镇化进程的同时，也导致了地方政府债务的膨胀。因此，在某种程度上，我国地方政府对举债发展经济的模式具有制度依赖，并且会对相邻地区产生溢出效应，地方主政官员的“政绩竞赛”极有可能通过地区间的经济发展竞赛，转变成举借债务的空间竞争，从而造成债务风险的迅速积累。

第三，地方政府预算软约束和公共池问题。

所谓“公共池问题”是指区域间公共产品的提供如果由中央政府负责预算管理和调配资源，可能使地方政府间产生不正常的资源争夺，从而产生大量债务（Teresa，1997[①]；Persson 和 Tabellini，1999[②]；Keen 和 Kotsogiannis，2002[③]）。公共池问题将弱化预算约束，尤其可能导致地方政府举债行为扭曲，将风险进行政府间的转移和外溢，由此可见，财政联邦制下地方政府预算软约束问题是催生政府债务的重要原因（Wildasin，2004[④]；Raju 和 Plekhanov，2005[⑤]；Boadway 和 Tremblay，2010[⑥]；Akai 和 Sato，2011）[⑦]。在此基础上，结合众多国内学者的研究（刘尚希，2004[⑧]；伏润民和缪小林，2014[⑨]；唐云锋，2018[⑩]），本书尝试对公共池问题和预算软约束做中国式阐述和分析。

由于我国财政分权是建立在隐性担保的中央政府任命制的政治基础上，因此我国地方政府在举债过程中存在明显的卸责心理和“公共池救助风险”，即地方政府均谋求中央政府的事后救助并共担债务风险。在我国行政体制下，中央政府扮演了大家长的角色，地方政府一定程度上作为中央政府的派出机构是“大而不能倒”的，并且由于政治周期和官员任期的存在，导致出现了地方政府债务权责分离的局面，债务风险可以由下级政府或者前任政府传递给上级政府和继任者承担，最终呈现出了“风险大锅饭”的制度现状。

公共池救助本质上是地方政府预算软约束的一个重要方面，预算软约束的另一个重要表现是中央对地方的“隐性补贴”，即给与地方政府大量的预算

---

① TerMinassian，Teresa. Fiscal Federalism in Theory and Practice [J]. Minassian，1997.

② Persson T，Tabellini G. The size and scope of government：Comparative politics with rational politicians [J]. European Economic Review，1998，43（4-6）：699-735.

③ Kotsogiannis K C. Does Federalism Lead to Excessively High Taxes? [J]. The American Economic Review.

④ Wilson J D，Wildasin D E. Capital tax competition：bane or boon [J]. Journal of Public Economics，2004，88（6）：1065-1091.

⑤ Plekhanov A，Singh R. How Should Subnational Government Borrowing Be Regulated? Some Cross-Country Empirical Evidence [J]. Imf Staff Papers，2006，53（3）：426-452.

⑥ Boadway R，Tremblay J F. MOBILITY AND FISCAL IMBALANCE [J]. National Tax Journal，2010，63（4）：1023-1053.

⑦ Akai N，Sato M. A simple dynamic decentralized leadership model with private savings and local borrowing regulation [J]. Journal of Urban Economics，2011，70（1）：15-24.

⑧ 刘尚希. 中国财政风险的制度特征：“风险大锅饭”[J]. 管理世界，2004（5）：39-44.

⑨ 地方政府债务权责时空分离：理论与现实——兼论防范我国地方政府债务风险的瓶颈与出路[J]. 经济学动态，2014（12）：72-78.

⑩ 唐云锋，刘清杰. 地方政府债务诱发金融风险的逻辑与路径 [J]. 社会科学战线，2018（3）.

自由裁量权如允许土地出让收入补充地方财力等。同时，由于地方政府对地区信贷资源分配的干预，国有金融机构很难对地方政府的融资要求形成真正意义的信贷约束，往往会出现金融“隐性分权”的局面。综上所述，预算软约束是造成地方政府债务膨胀的重要原因，而地方政府掌握了地方资源尤其是土地资源和信贷资源的分配大权是形成预算软约束的基础。

4.2 我国地方政府债务的历史沿革

如果我们以政策监管演变的思路来梳理我国地方政府债务的历史沿革的话，可以大致分为四个阶段：第一个阶段就是1978~1993年，在这个阶段地方政府主要依靠集资收费缓解资金压力。第二个阶段是1994~2007年，这个阶段有关地方政府举债融资基本属于严格限制地方政府直接发行债券而鼓励投融资平台发展的阶段。第三个阶段是2008~2013年，在这个阶段国家一方面出于应对国际金融危机的考虑，使投融资平台的发展迎来一段黄金期，同时也积极规范投融资平台债务，摸底和清理地方政府性债务并逐步允许地方政府试点发行债券。在这个阶段呈现“前门逐渐打开，后门逐渐关闭”的过度特点。第四个阶段是2014年之后，以当年43号文的出台和2015年新预算法的正式实施为重要分水岭，我国进入建立规范地方政府债务制度的新阶段，在这个阶段，国家以“开前门、堵后门”作为指导思想疏堵结合，大力推进地方政府债务制度的规范化、透明化，大力强化和深化对债务风险的防范与监管。

第一个阶段1978~1993年。在这一阶段，突出体现的特色为地方政府的集资收费。改革开放初期，由于地方政府直接举债受到严格限制，而且投融资平台也尚未成立，此时地方政府往往依托增加行政事业性收费等收费项目，以及上马集资建设工程来为地方经济建设融资。但是，这一阶段“乱收费、乱摊派”的现象事实上层出不穷，所以，我国也开始了新的制度建设摸索。1985年我国出台《关于印发投资管理体制近期改革方案的通知》要求各地方政府基建项目的资金来源由预算拨款改为银行贷款，推动所谓“拨改贷”改革，该文件为地方政府建立投融资平台提供了软约束的便利。而1986年我国正式颁布的《中华人民共和国土地管理法》为地方政府划拨土地、充实平台公司资产池从而执行政府投融资职能提供了制度支持。

第二个阶段 1994 ~ 2007 年。正如前文所述，分税制改革后地方政府财力与事权不匹配的矛盾便体现了出来，为了解决地方政府发展的资金问题，国家提供了一些侧面举债的政策便利，其中最显著的特色就是推动了投融资平台的发展。

我国长期以来是不允许地方政府发债和提供担保的，1995 年我国正式实施的预算法规定除法律和国务院批准的特殊情况以外，地方政府不允许列支赤字，也不允许直接举债。1995 年我国又出台《中华人民共和国担保法》同时规定我国地方政府不允许为他人和其他实体提供担保。为了规避国家对地方政府直接融资的监管，同时也为了应对分税制改革以来地方建设资金较大的缺口，投融资平台走上了发展的“快车道”。1994 年国家成立国家开发银行，从此形成了以国开行引领的，各商业银行、城商行加入的投融资平台“打捆贷款”融资模式①，基本上确立了以投融资平台为主的政府投融资模式。为了进一步扩宽投融资平台直接融资渠道，更大程度满足地方政府城镇化建设需求，我国分别于 2004 年和 2008 年出台《关于进一步改进和加强企业债券管理工作的通知》（财金〔2004〕1134 号文）、《银行间债券市场非金融企业债务融资工具管理办法》（中国人民银行令〔2008〕1 号文），允许平台公司在银行间市场直接发行如短融券、中期票据、定向融资工具 PPN 在内的债务融资工具。这一阶段，在推动投融资平台发展为显著特色的基础上，我国还进行了其他的政策安排，如 1998 年我国出台《国债转贷地方政府管理办法》（财预〔1998〕267 号文），允许将部分国债资金转贷给地方政府使用。

第三个阶段 2008 ~ 2013 年。2008 年国际金融危机爆发后，为了尽快摆脱危机影响，我国推出了著名的“四万亿”计划用于国内基建投资，地方政府在宽松货币和积极财政的鼓励下，大力推动投融资平台发展以便筹措配套建

---

① 即所谓的“银政合作”，银行依托政府信用或者财政承诺将资金贷给地方城投公司，地方城投公司则将地区若干基建项目进行打包组合以承接贷款。

设资金，投融资平台发展迎来了一段“黄金期”。我国 2009 年出台《关于进一步加强信贷结构调整促进国民经济平稳较快发展的指导意见》（银发〔2009〕92 号文），正面肯定了投融资平台对于满足地方基建建设资金需求，推动地区经济平稳发展的重要作用。但是，在这个阶段，投融资平台发展很快出现过热迹象。平台公司数量增长过快，部分平台公司资产不足，“徒有空壳”却负债过高；贷款规模增长过快导致风险积聚，部分平台公司无视项目实际情况缺少风险防范意识，而部分商业银行也出于对政府信用的推崇对项目和贷款风险情况缺少足够的尽调和评估。为了防范控制债务风险，整顿投融资平台发展，我国于 2010 年出台《国务院关于加强地方政府融资平台公司管理有关问题的通知》（国发〔2010〕19 号文），同时国务院发布《国务院办公厅关于做好地方政府性债务审计工作的通知》（国办发〔2011〕6 号文），要求对包含投融资平台债务在内的地方政府性债务做摸底清查。2012 年我国又出台了《关于制止地方政府违法违规融资行为的通知》（财预〔2012〕463 号文），其中对地方政府违法违规融资举债的行为进行了约束和限制，并列出了负面清单要求限期整改。

由此可见，在这个阶段，地方政府融资的后门正在逐渐关闭，同时国家也在逐步安排开放、开好前门的工作。2009 年财政部以“代发代还”的方式允许地方政府直接举债，用于筹集地方公益性项目的建设资金。在中央审批的额度内以发售国债的形式筹集资金，并由财政部代办地方政府专户资金负责偿还。2011 ~ 2013 年我国相继在上海、深圳、浙江等省市试点“自发代还”的发债模式。标志着我国在逐步打开前门，放松地方政府直接举债的限制。

第四个阶段就是 2014 年至今。2014 年我国出台《国务院关于加强地方政府性债务管理的意见》（国发〔2014〕43 号文）、2015 年我国正式实施新预算法，并发布《关于妥善解决地方政府融资平台公司在建项目后续融资问题意见的通知》（国办发〔2015〕40 号文），城投平台被剥离政府投融资职能，明确规定地方政府公开发行的债券才是正规的融资渠道。我国正式进入“开前门、堵后门”的规范化地方政府债务管理新纪元。为了开好前门，健全地方政府债券发行、管理、使用等债务管理制度建设，我国相继发布财预〔2015〕32 号文、财预〔2015〕47 号文、财预〔2015〕225 号文等文件，逐步建立起地方政府债务限额管理制度、并对一般债、专项债的发行和预算管理办法进行明确规定。为了进一步规范地方政府专项债的管理、强调项目收益与融资需求的自我平衡，同时丰富地方重点项目融资渠道，扩大投资者专项债券的投资选择，财政部会同各部委相继发布财预〔2017〕62 号文、财预〔2017〕89 号文和财预〔2017〕97 号文，极大地规范和丰富了地方政府合规融资渠道。除了发行专项债之外，国家大力提倡 PPP 即政府与社会资本合作的方式为地方政府推进新型城镇化融资。2015 年我国出台《关于在公共服务领域推广政府和社会资本合作模式指导意见的通知》（国办发〔2015〕42 号文），肯定了 PPP 项目对于防范化解地方政府存量债务风险，缓解地方公共项目建设压力的重要作用，并鼓励推广 PPP 模式。

在开好前门的同时，我国在这一阶段还着力清理整顿违法违规融资担保、化解存量债务，逐步关紧后门、堵住暗道。我国于 2017 年相继出台《关于进一步规范地方政府举债融资行为的通知》（财预〔2017〕50 号文）、《关于坚决制止地方以政府购买服务的名义违法违规融资的通知》（财预〔2017〕87 号文）。这两份文件在地方政府债务规范管理方面具有重要意义，可以说进一步投下了震撼弹。文件进一步规范对投融资平台违规融资担保行为进行清理整顿，强调投融资平台市场化转型；同时明令禁止以政府购买服务的名义进行变相融资和 PPP 项目中的违法违规操作，对于进一步健全规范地方政府融资机制具有重要意义。另一方面，为了加强对金融机构的监管以及对金融业务进行穿透管理，切断地方政府高风险的、违法违规融资来源渠道，我国出台《关于规范金融企业对地方政府和国有企业投融资行为有关问题的通知》（财金〔2018〕23 号文）等一系列文件，旨在阻断影子银行金融风险与地方政府债务风险的相互感染，严格控制新增债务、不允许金融企业开展的业务要求地方政府隐性担保。

当前我国经济遭受外部贸易战冲击和过分“一刀切”的去杠杆监管等内部因素的影响，出现了结构性的增速放缓，为了保证我国经济的平稳增长，作为积极财政政策重要工具的地方政府投融资机制需要发挥稳增长的重要作用。为此，我国出台了《关于进一步做好信贷工作提升服务实体经济质效的通知》（银保监办发〔2018〕76 号文）、《关于保持基础设施领域补短板力度的指导意见》（国办发〔2018〕101 号文），要求在严格防范地方政府债务风险、控制新增债务规模的前提下，确保地方政府和投融资平台正常的融资需求，确保重大项目不会被盲目断贷、抽贷，鼓励重大项目建设方和金融机构在充分评估项目风险收益的情况下发行信用债券和提供中长期贷款，为重大项目建设提供资金支持。

以上新的政策变化释放了一个信号并和本书研究主题息息相关，那就是正确看待地方政府债务对经济增长的影响，在防范风险的前提下（即阈值允许范围内）充分利用地方政府债务的正面效应。经过一段时间的摸索，决策层对政府债务尤其是地方政府债务的定位逐渐清晰，一方面推进市场化改革，严控债务风险；另一方面严格规范债务资金尤其是专项债的使用投向。2020 年我国先后出台《关于加快地方政府专项债券发行使用有关工作的通知》（财预〔2020〕94 号文），《关于进一步做好地方政府债券发行工作的意见》（财库〔2020〕36 号文），对地方政府债务的发行、信息披露、定价和使用投向作出了严格且细致的规定。经过本节梳理，本书整理出我国地方政府债务历史沿革中重要政策文件出台和事件发生的时间表，如表 4 -1 所示。

表 4 -1　我国地方政府债务历史沿革的重要政策法规和事件表

时间	政策文件
1985 年	印发《关于印发投资管理体制近期改革方案的通知》
1986 年	颁布《中华人民共和国土地管理法》
1994 年	国家开发银行成立，推出“打捆贷款”模式
1995 年	我国正式实施《中华人民共和国预算法》
1995 年	我国正式通过实施《中华人民共和国担保法》
1998 年	《国债转贷地方政府管理办法》（财预〔1998〕267 号文）
2004 年	《关于进一步改进和加强企业债券管理工作的通知》（财金〔2004〕1134 号文）
2008 年	《银行间债券市场非金融企业债务融资工具管理办法》（中国人民银行令〔2008〕1 号文）

续表

时间	政策文件
2009 年	《关于进一步加强信贷结构调整促进国民经济平稳较快发展的指导意见》（银发〔2009〕92 号文）
2009 年	财政部以“代发代还”的方式允许地方政府直接举债
2010 年	《国务院关于加强地方政府融资平台公司管理有关问题的通知》（国发〔2010〕19 号文）
2011 年	《国务院办公厅关于做好地方政府性债务审计工作的通知》（国办发〔2011〕6 号文）
2011 年	国家开始试点“自发代还”模式
2012 年	《关于制止地方政府违法违规融资行为的通知》（财预〔2012〕463 号文）
2014 年	《国务院关于加强地方政府性债务管理的意见》（国发〔2014〕43 号文）
2015 年	正式实施《全国人大常委会关于修改〈预算法〉的决定》
2015 年	《关于妥善解决地方政府融资平台公司在建项目后续融资问题意见的通知》（国办发〔2015〕40 号文）
2015 年	财预〔2015〕32 号文、财预〔2015〕47 号文、财预 2015〔225〕号文，建立起地方政府债务限额管理制度、并对一般债、专项债的发行和预算管理办法进行明确规定
2015 年	《关于在公共服务领域推广政府和社会资本合作模式指导意见的通知》（国办发〔2015〕42 号文）
2017 年	《关于进一步规范地方政府举债融资行为的通知》（财预〔2017〕50 号文）
2017 年	《关于坚决制止地方以政府购买服务的名义违法违规融资的通知》（财预〔2017〕87 号文）
2018 年	《关于规范金融企业对地方政府和国有企业投融资行为有关问题的通知》（财金〔2018〕23 号文）
2018 年	《关于进一步做好信贷工作提升服务实体经济质效的通知》（银保监办发〔2018〕76 号文）
2018 年	《关于保持基础设施领域补短板力度的指导意见》（国办发〔2018〕101 号文）
2020 年	《关于加快地方政府专项债券发行使用有关工作的通知》（财预〔2020〕94 号文）
2020 年	《关于进一步做好地方政府债券发行工作的意见》（财库〔2020〕36 号文）

4.3 我国地方政府债务现状

2013 年国家审计署发布的《36 个地方政府本级政府性债务审计结果》从债务规模、融资渠道、资金投向等方面系统地阐述了当时我国地方政府性债务的现状，这也为学界描述我国地方政府债务现状提供了非常好的范本。根据审计结果显示，2012 年底我国 36 个地方政府本级政府性债务余额达到 38475.81 亿元，其中政府负有偿还责任的债务 18437.10 亿元、负有担保责任的债务 9079.02 亿元、其他相关债务 10959.69 亿元。从债务举借主体看，投融资平台公司、政府及其下属机构是主要负债主体，投融资平台公司、地方政府部门及下属机构举借的债务分别占总数的 45.67% 和 25.37% 。从债务资金来源看，当时我国地方政府性债务的主要形式就是银行贷款，占比达到 78.07% ；而发行债券融资的比重虽然只占 12.06% 但增长明显，与 2010 年相比增长了 62.32% ，其中发行短期融资券和中期票据的增长比率达 113.40% 。从债务资金投向看，地方政府性债务资金大多投向交通设施、保障性安居工程建设、土地收储、市政建设、农林水利、基础科研和教育等领域。

而到了 2019 年，全国以政府为偿债主体发行的显性债务已突破 21 万亿，城投债约为 9 万亿，以两者相加为统计口径的地方政府性债务高达 30.39 万亿元[①]。如表 4 -2 所示是截至 2019 年全国 30 个省市政府性债务情况（考虑到实证数据的可获得性，这里也将西藏剔除）。

表 4 -2　2019 年全国 30 个省市政府性债务负担情况

地区	政府债券余额（亿）	城投债券余额（亿）	合计	GDP	公共财政收入	债务负担（%）	负债率（%）
江苏	14768.55	9623.62	24392.17	93207.55	8630.16	26.17	282.64
浙江	12290.74	3995.71	16286.44	58003.00	6598.21	28.08	246.83
山东	13072.27	1884.90	14957.17	66648.87	6485.40	22.44	230.63
广东	11755.31	1647.16	13402.47	99945.22	12102.90	13.41	110.74

① 数据来源：Wind 数据库。

续表

地区	政府债券余额（亿）	城投债券余额（亿）	合计	GDP	公共财政收入	债务负担（%）	负债率（%）
四川	10507.70	2691.32	13199.02	42902.10	3911.01	30.77	337.48
湖南	10116.40	2648.54	12764.94	36329.68	2860.80	35.14	446.2
贵州	9602.53	1224.73	10827.26	15353.21	1726.85	70.52	626.99
湖北	7988.00	2598.85	10586.85	42022.00	3307.08	25.19	320.13
安徽	7845.19	2338.23	10183.42	34010.90	3048.67	29.94	334.03
云南	7953.66	1165.69	9119.35	20881.00	1994.35	43.67	457.26
辽宁	8736.77	332.81	9069.58	23510.50	2616.00	38.58	346.7
河北	8600.73	455.32	9056.05	32494.61	3513.86	27.87	257.72
河南	7836.43	918.67	8755.10	49935.90	3766.02	17.53	232.48
北京	5547.43	3011.51	8558.94	33106.00	5785.92	25.85	147.93
天津	4946.76	3543.94	8490.70	13362.92	2106.24	63.54	403.12
福建	6988.97	1290.75	8279.72	38687.77	3007.41	21.4	275.31
重庆	5538.82	2228.80	7767.62	21588.80	2265.52	35.98	342.86
陕西	6399.04	1250.88	7649.92	23941.88	2243.14	31.95	341.04
江西	5317.58	2213.59	7531.17	22716.50	2372.33	33.15	317.46
内蒙古	7173.95	290.58	7464.53	16140.80	1857.65	46.25	401.83
广西	6190.74	1054.59	7245.33	19627.81	1681.48	36.91	430.89
上海	5698.50	684	6382.50	36011.82	7108.10	17.72	89.79
新疆	4847.71	654.59	5502.31	12809.39	1531.42	42.96	359.29
吉林	4255.54	656.9	4912.44	11253.80	1240.84	43.65	395.9
黑龙江	4618.12	260.66	4878.78	12846.50	1282.60	37.98	380.38
山西	3466.33	581.5	4047.83	15958.13	2292.70	25.37	176.55
甘肃	3013.56	275	3288.56	8104.07	871.05	40.58	377.54
海南	2159.52	75.1	2234.63	4910.69	752.67	45.51	296.89
青海	2055.85	114.8	2170.65	2748.00	272.89	78.99	795.44
宁夏	1641.87	136.3	1778.17	3510.21	436.52	50.66	407.35

数据来源：Wind 数据库。

从表4－2可知，全国政府性债务负担整体处在风险可控的范围内，表4－2

中 30 个省市的平均债务负担率截止 2019 年底为 36.26%，而平均负债率则为 338.98%[①]。具体来看，江苏省整体债务规模最大，已逼近 2.5 万亿元，并且东部各省债务规模普遍较大；中西部省份由于其自身经济基础较薄弱，所以，在整体债务规模不如东部发达省份的情况下，债务负担仍较东部为重，尤其是贵州和青海两省，债务负担率均突破 70%，负债率[②]也分别达到 626.99% 和 795.44%。因此，虽然全国地方政府性债务形势整体处在可控范围内，但是，其本身蕴含的风险仍不容小视。

我国地方政府债务的统计和分析工作一直面临着数据获取性方面的问题，不同的机构有不同的测算方法、不同的统计口径，而不同的测算方法和统计口径带来的测算结果也会有一定的偏差。根据财政部的官方口径，2019 年末全国地方政府债务余额为 213098 亿元，其中一般债务为 118671 亿元，专项债务为 94427 亿元；以政府债券形式存在的债务余额达 211183 亿元，以非政府债券形式存在的存量债务为 1915 亿元。从利率和期限结构看，截至 2019 年末，地方政府债券剩余平均年限 4.97 年，其中一般债券 4.88 年、专项债券 5.09 年；平均利率 3.54%，其中一般债券 3.55%、专项债券 3.54%[③]。当年平均发债期限为 10.26 年，其中，一般债券 12.07 年，专项债券 9.02 年。新增债券平均发行期限 9.03 年，再融资债券平均发行期限 12.27 年，置换债券平均发行期限 19.43 年；当年平均发行利率为 3.47%，其中一般债券平均发行利率 3.53%，专项债券平均发行利率 3.43%。从量上看，与 2013 年地方政府性债务中银行贷款占比过重相比，经过地方政府债券发行与管理制度的完善，当前地方政府依托正规显性化发债渠道融资的比重已经越来越大。地方政府债务资金投向仍是较多的投向道路交通、市政建设、生态环境保护和保障性安居工程建设等领域，正如前文所述，国家发布了一系列文件建立了专项债发行和管理制度，包括产业园区市政建设、交通设施建设、保障性工程建设、棚户区改造在内的项目，其债务资金的举借和偿还都纳入基金预算管

① 笔者自行计算。

② 负债率 = 债务余额/公共财政收入。

③ 数据来源于财政部官方网站 http：//www. governbond. org. cn/zqscbg/47101. jhtml.

理。并且国家还要求按照项目本身属性划分，诸如供水、供电、供热、污水处理在内的市政项目如果以委托城投平台的方式建设，需做到项目收益和债务现金流的平衡，鼓励和引导 PPP 模式开展上述项目建设，以项目本身收益偿还债务。由此可见，与 2013 年政府性债务依托政府信用和担保，主要依靠土地出让收入作为偿债来源不同，当前地方政府债务的偿还形式多样，原则上主要依托项目本身收益，同时允许视项目情况而定审慎使用政府财力，对于纯公益性项目的建设，原则上一般纳入公共预算管理。

4.4 本章小结

本章主要阐述了三个部分的内容。其一，我国地方政府债务的成因分析；其二，以政策监管者的角度梳理我国地方政府债务的历史沿革，并对我国地方政府债务管理制度上具有标志性意义的政策文件进行了整理；其三，从债务规模、债务负担、融资来源、资金投向等方面阐述了我国地方政府债务的现状。

通过对地方政府债务成因的梳理可以让我们了解到我国地方政府债务产生的制度土壤，地方政府和主政官员受到上级政府的晋升激励和“隐性补贴”激励[①]，以 GDP 竞赛的方式开始地方发展的区域竞争，造就了推动我国经济高速增长的一极重要力量——政府投资主导的物质资本积累、基础设施建设。地方政府债务成因的梳理有助于我们理解我国经济高速增长所依托的模式，也有助于理解地方政府债务对经济增长的正向推动作用。

从本章还可以看出政策监管层面的变化。国家开始进行“开前门、堵后门”的制度改革，大力整顿投融资平台、推动其市场化转型，经过存量债务甄别后剥离平台政府融资职能，同时建立健全地方政府债券发行和管理制度。随着我国地方政府债务历史发展和政策监管的沿革，时至今日，我国地方政府债务总体状况如表 4-2 所示，从该表可以看出我国地方政府债务总体风险

① 总结上文，隐性补贴就是对地方政府的预算软约束、地方政府对地区资源的垄断和信贷上的隐性分权。

情况和区域异质性。

随着本章的论述，再结合我国改革开放以来的经济发展历程，我们可以“管窥”我国地方政府债务对经济增长影响的演变。我国地方政府债务产生和发展的主要原因就在于地方发展区域经济，谋求政绩竞争的渴求。透过管理制度的变革和对政策文件的梳理，我们能感受到国家对地方政府债务的定位变化，即从扩张债务大力发展经济，到严控债务风险、防止经济下行，再到强调保障重点工程，满足合理的融资需求。从官方态度的变化中，我们也能清晰地把握到地方政府债务对经济增长可能存在的非线性影响效应，结合对我国地方政府债务现状的梳理，可以加深对我国地方政府债务问题的了解，对理解下文的理论机制论述、指标选取和数据测算都有一定的帮助。

第 5 章　地方政府债务对经济增长非线性影响的传导机制分析

经过对第 3 章理论基础的梳理可以看出，无论是自由主义经济学流派还是凯恩斯主义经济学流派，无论是包含索洛模型和内生增长模型在内的经典经济增长理论还是公共选择理论，在讨论政府行为对经济增长的影响时，资本积累就是一个关键的中间变量，因此，结合文献综述部分国内外众多学者的研究，我们可以总结出地方政府债务影响经济增长的短期和长期作用机制。依托凯恩斯主义经济学思想和公共选择学派的理论，短期内地方政府通过举借债务投资基础设施建设，增加公共资本积累可以带动私人投资增加，进而推动地区经济增长；但是，随着长期内地方政府债务规模的不断积累，政府债务投资的边际产出递减，整个经济社会将陷入紧缩效应，挤出私人投资，并主要通过拖累资本积累的形式影响经济增长。在描述完一般化的短期和长期作用机制后，本章利用动态最优化的方法构建定量分析框架，以模型推导的形式证明了非线性效应，即最优债务阈值的存在性。最后，本章在理论化、一般化的传导机制分析的基础上，探讨了具有中国特色的土地传导渠道，以土地出让和抵押为特色的“土地财政”和“土地金融”为我国经济增长和城市化进程做出了巨大贡献，但是，随着地价的推高和地方政府债务规模的扩张，风险的积累将会触及地方政府债务的长期抑制机制。

5.1　地方政府债务对经济增长的短期影响

5.1.1　乘数效应分析

依上文所述，在短期内，地方政府通过举借债务来为政府支出融资，进而刺激总需求拉动经济增长。其中关键因素在于政府支出的扩张，尤其是购买性支出的增加能够直接作用于总需求，因此本书借鉴乘数效应的分析框架，分析短期内地方政府债务如何通过乘数效应拉动经济总体增长。

根据支出法计算，三部门国民收入 $Y=C+I+G$，其中 C 表示居民消费，I 表示投资，G 表示政府购买。进一步假设 C_0 为自发性消费倾向且为常数，β 为边际消费倾向，并且边际消费倾向递减，那么有 $C=C_0+\beta Y$。我们知道，政府支出尤其是投资市政建设的购买性支出一般由税收和债务融资共同负担，即购买性支出 $G=tY+D$，t 代表一次性总量税税率，那么居民消费公式也将写为 $C=C_0+\beta(1-t)Y$。将居民消费公式代入三部门国民收入恒等式中可得：

$$Y=\frac{1}{1-\beta(1-t)}(C_0+I+G) \tag{5.1}$$

再将购买性支出 $G=tY+D$ 代入（5.1）中可得：

$$Y=\frac{1}{(1-\beta)(1-t)}(C_0+I+D) \tag{5.2}$$

由式（5.1）和式（5.2）可知，政府购买性支出 G 的总需求乘数为 $\frac{1}{(1-\beta)(1-t)}$，地方政府债务 D 的总需求乘数为 $\frac{1}{(1-\beta)(1-t)}$，因为边际消费倾向 β 和税率 t 的取值范围均在（0，1）区间，所以政府购买支出乘数和债务乘数相等，均大于1，说明当地方政府举借债务为购买性支出融资，即债务资金投入到公共服务供给和基础设施建设中时，国民收入 Y 能以数倍的乘数效应得到放大，即短期内运用凯恩斯主义的需求管理政策，通过积极财政增加政府支出尤其是购买性支出、扩大债务规模可以增加总产出。

如果地方政府举借的债务都用于转移性支出或者用于消费性支出中的“消耗部分”时，如增加转移支付、增加福利支出时，国民收入恒等式可以写成：$Y=C_0+\beta[(1-t)Y+g]+I$，其中 g 为政府转移支付且 $g=tY+D$，那么，地方政府债务总需求乘数可以写为 $\frac{\beta}{1-\beta}$，此时乘数的取值取决于 β 的取值，若 β 的取值在（0，0.5）之间，则地方政府债务的总需求乘数小于1，若 β 取值在（0.5，1）之间，则地方政府债务的总需求乘数大于1。由此说明，地方政府债务资金的投向如果是非生产性的“消耗部分”时，其对总需求的拉动效应不如购买性支出明显，具体的作用大小取决于边际消费倾向的大小。综上可知，在短期内当地方政府举借债务为财政支出融资时，往往能对经济增长起到正面的推动作用，增加总产出，而且债务资金投入购买性支出的比例越高，对总产出的拉动作用也越明显。

在一般的经济学理论下，当政府增加支出时，经济社会的整体利率水平上升会对私人投资产生“挤出”效应。但是我们也必须看到政府支出也会对私人投资产生“挤入效应”。当地方政府增加购买性支出投资基础设施建设，增加公共服务供给时，如增加对公共交通、通信系统、城市网管、工业园区及相关配套工程的投资时，会直接带动相关关联产业如建材、水泥、通信设施等产业的发展，增加投资机会和盈利能力，并且政府增加支出以支持经济增长的举措会带来明显的“市场指导以及风向标效应”，市场往往会出于短期套利的心理动机增加与政府规划相关的行业的投资，从而在短期内出现私人资本积累增长的现象。另一方面，当地方政府筹集的债务资金能够用于增加购买性支出，进而增加地区公共资本积累，提高地区公共服务质量（如教育、卫生等公共服务质量）时，该地区的投资营商环境就将得到大幅改善，正的外部性将外溢到其他地区以吸引投资进入，提高该地区的就业率和税收水平，最终通过公共资本增加带动私人投资增长的渠道推动地区经济增长。

除了地方政府债务投资的投向外，产生上述正向作用机制的关键因素还在于，短期内政府债务规模不大，债务投资的边际产出效率要高于融资成本，随着政府债务投资公共产品和服务，经济增长的正向作用能够稀释和化解债务本身存在的风险。由此可见，在短期内公共资本与私人资本具有相当程度的互补性，地方政府通过举借债务增加购买性支出以提高经济社会公共资本积累时，不仅能直接带动相关产业的投资，而且能以“挤入效应”增加私人资本积累，此时“挤入效应”将大于“挤出效应”，而这正是短期内地方政府债务能以数倍的乘数刺激总需求，拉动经济增长的原因所在。

5.1.2　基于 IS-LM-RE 模型的短期效应分析

上文的分析大体在 IS-LM 模型的分析框架内，且侧重于产品市场的均衡分析，即当地方政府通过举借债务增加财政支出时，IS 曲线的移动将最终增加总产出。但是，地方政府举债行为不仅会打破产品市场原有的均衡，还可能对货币市场造成影响，举借债务的过程需要吸纳家庭和企业部门的闲散资金，债务资金的流向和最终偿还也将影响整个社会的流动性分配，再加上地方政府债务本身也涉及财政收支平衡的问题，因此，本书借鉴于漾（2013）① 等人的研究，构建 IS-LM-RE 模型，通过分析产品市场、货币市场和财政收支同时实现一般均衡的情形来进一步探讨短期内地方政府债务对经济增长的正面影响。

为了简化分析，我们直接写出 IS 方程和 LM 方程：

$$r = \frac{C_0 + I_0 + G}{d} - \frac{1 - \beta(1 - t)}{d} Y \tag{5.3}$$

$$r = \frac{k}{h} Y - \frac{1}{h} \frac{M}{P} \tag{5.4}$$

其中 r 代表利率水平，I_0 为自发性投资倾向，d 为投资对利率的敏感系数，k 为交易性货币需求对收入 Y 的弹性系数，h 反映投机性货币需求对利率的敏感程度，M 为名义货币供给，P 为价格水平。如果将财政收支平衡纳入考虑，则地方财政收入由税收和政府债务筹集，财政支出用于购买性支出和偿还上期债务本息，假设 D_t 表示 t 期末债务余额，b 表示地方政府债务的稳定增速，可得：

$$tY_t + D_t = G_t + D_{t-1}(1 + r) \tag{5.5}$$

将 $D_t = D_{t-1}(1 + b)$ 代入（5.5）可得：

$$r = \frac{t(1 + b)}{D_t} Y_t + b - \frac{(1 + b) G_t}{D_t} \tag{5.6}$$

由式（5.3）、式（5.4）、式（5.6）可知，IS 曲线、LM 曲线和财政收支

---

① 于漾．中国地方政府债务经济增长效应研究［D］．辽宁大学，2017.

曲线即 RE 曲线的斜率分别为 $-\frac{1-\beta(1-t)}{d}$、$\frac{k}{h}$和$\frac{t(1+b)}{D_t}$。其中 LM 曲线和 RE 曲线同向，均为向右上方倾斜的直线，因此，我们可以讨论二者之间的斜率大小。

（1）当 RE 曲线斜率大于 LM 曲线斜率时。如果此时地方政府增加债务规模 D_t，由（5.6）可知，RE 曲线的斜率变小而截距的绝对值变大，意味着 RE 曲线不仅要向右移动，更要与原曲线相比做顺时针方向的移动。如图 5－1 所示。

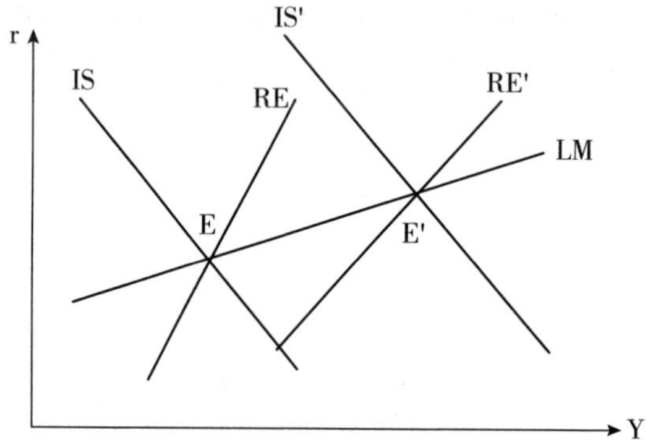

图 5－1 IS-LM-RE 模型曲线移动变化图（当 RE 斜率较大时）

如图 5－1 所示，当地方政府增加债务规模时，RE 曲线将移动至 RE′处，并且由于地方政府债务的扩大，政府购买性支出的增加将使 IS 曲线也发生移动，从 IS 处移动至 IS′处。此时代表 IS-LM-RE 模型的一般均衡的均衡点将由 E 变化为 E′。代表在新的均衡条件下，均衡产出实现了增长，即当 RE 曲线斜率大于 LM 曲线斜率时，地方政府债务规模的增加将提高总产出，促进经济增长。

（2）当 RE 曲线小于 LM 曲线斜率时。当地方政府债务规模 D_t 增加时，RE 曲线的变化与情形（1）一致，都将顺时针旋转后向右移动，并且都将促使 IS 曲线同时向右移动，但此时 LM 曲线也将向右移动。如图 5－2 所示。说明此时政府收支和产品市场一般均衡的变化将同时导致货币市场出现调整，货币需求将大于货币供给，这迫使货币当局增加货币供给推动 LM 曲线向右移动，如若不然可能导致宏观经济陷入债务危机。

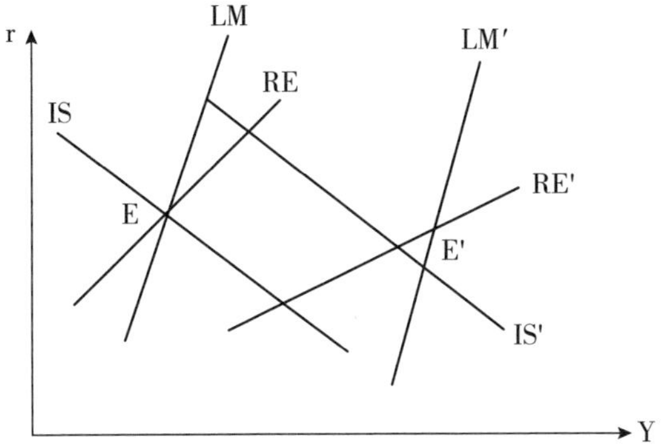

图 5 - 2　IS-LM-RE 模型曲线移动变化图（当 RE 斜率较小时）

图 5 - 2 的变化说明当 RE 曲线斜率小于 LM 曲线斜率时，地方政府扩大债务规模的同时要使用货币政策予以搭配，保证经济社会有足够的流动性，否则就将陷入债务危机。但无论如何，（1）、（2）两种情况都说明了在短期凯恩斯主义的分析框架内，地方政府合理举债为购买性支出融资能够有效推动经济增长。而且我们还可以得到进一步的分析结论。

因为 LM 曲线的斜率为$\frac{k}{h}$，LM 曲线斜率较小的情况相当于 k 较小，h 较大的情况。其中 k 表示货币需求对收入的敏感程度，h 表示货币需求对利率的敏感程度。当一个国家或地区的经济越发达，金融市场化程度越高，融资能力和融资需求都能较容易得到满足时，意味着此时 k 较小而 h 较大，因为在较发达、金融市场化程度越高的地区，相较于持有现金，居民能够有多种渠道对收入进行投资，且市场对利率的变化也更敏感。因此在这种情况下，LM 曲线将相对平缓从而出现（1）中分析的情形，即在货币当局不需要介入，LM 曲线不需要进行移动的情况下，地方政府债务规模的扩张就将在短期内增加总产出。相对应的，当一个国家或地区的经济水平较落后、金融市场化程度较低时，k 较大、h 较小，此时将出现情形（2）分析的情况，货币当局需要补充流动性，以积极货币政策移动 LM 曲线来保证地方政府债务扩张能够在不触发债务危机的情况下推动经济增长。

我们可以将上述结论应用到我国的实际情况当中。我国东部沿海地区经济较发达、金融市场化程度较高，同时具有较扎实的经济发展基础和资本积累，该地区经济主体的货币需求对利率的变化更加敏感，即 k 较小、h 较大，市场能够自发的调节财政收支和产品市场一般均衡发生变化时导致的货币需求的变化，无需货币当局的政策配合。而中西部地区则刚好相反，如果没有同时增加在当地的流动性投放，那么新的 IS-LM-RE 均衡将无法实现，货币需求将大于货币供给，由此可能带来债务危机。但是，我们知道，我国货币政策的制定和执行是全国“一盘棋”，不可能片面地为中西部地区量身打造货币政策或者引导流动性只投放到中西部地区，因此，从这个角度看，东部地区和中西部地区在短期内扩张地方政府债务规模虽然都能够起到刺激总需求，推动经济增长的作用，但极有可能出现效用异质性的情况。

5.2 地方政府债务对经济增长的长期影响

在分析地方政府债务对经济增长的长期影响之前，我们可以先回到上文理论基础部分的经典经济增长理论这一节，简单探究影响经济增长，尤其是推动经济长期增长的作用因素。

三大经典的经济增长理论都突出了技术进步在长期内推动经济增长的决定性作用。在短期内，经济社会储蓄率的高低、和由此带来的人均资本积累能够增加国民收入，促进经济增长。但随着物质资本积累的边际产出递减，经济增长曲线将慢慢向稳态趋近，并且在稳态增长的情形下，经济的长期增长率将最终取决于技术进步、制度革新、知识资本积累等“非物质资本”因素。

由此我们可以知道，在物质资本边际产出递减这一核心因素的作用下，如何谋求人力资本积累、如何进一步深化改革以营造良好的制度环境、如何推动技术进步和产业转型升级才是未来驱动中国经济长期稳健增长的关键因素。而当前我国地方政府债务资金的主要用途仍然是投资基础设施建设、增加物质资本积累，也就是说，当下我国地方政府债务对于经济增长的贡献无论从短期还是从长期来看，都是围绕物质资本积累来“做文章”。在各地政府都面临管控债务规模、化解债务风险难题的当下，再加上我国地方政府债务的投资效率将不可避免的遇到边际产出递减的问题，因此，我国地方政府债务的边际贡献和到期偿还问题，将大大影响物质资本积累发挥推动经济增长的长期效能。如果债务管理的相关制度建设，尤其是预算绩效评估和投资项目管理等方面的工作存在缺失，那么地方政府债务的长期累积将不仅无法继续推动经济增长，由此带来的债务风险甚至可能反过来拖累经济的长期表现。

当然，除了针对地方政府债务无法对经济增长的核心影响因素——技术进步发挥出长期促进作用外，我们还可以针对地方政府债务对长期资本积累本身的作用渠道和传导机制进行分析，进一步探究地方政府债务对经济增长的长期影响。如上文所述，地方政府债务的投资效率从长期来看将面临边际产出递减的困境，一旦地方政府债务的投资无法保证一定的经济性（无论是直接经济效益，还是诸如改善营商环境的间接经济效益），债务投资的边际产出一旦低于融资成本，那么不断积累的地方政府债务将通过三大效应对物质资本积累产生消极影响。

其一，税费效应。地方政府举借的债务终究需要偿还，而偿还则主要依靠税收，因此从某种程度看地方政府举借债务相当于是延期征税。当地方政府债务规模持续增长，从长期来看，大量的流动性将从经济社会中抽离出来以税收或者利息的形式偿还到期债务，经济将陷入紧缩。在我国，地方政府需要大量的流动性来承接上级政府交办的事项、投资基础设施建设，地方官员需要各类投资来冲刺政绩，谋求升迁。过去数十年间，推动我国经济增长的一大动力来源就是地方政府在分权模式下的城市化建设。而一旦地方政府债务因为长期累积而导致债务负担过重，势必会导致大量流动性被用于偿还债务，我国经济增长的动力来源——地方政府投资驱动就将受到遏制。地方政府将缺乏足够的资金继续进行招商引资，从而影响当地的资本积累。而从另一方面看，当地方政府债务规模持续增长时，理性的投资者在长时间周期下，将有足够的信息和资源进行利益最大化的决策，这意味着理性投资者可能在预期未来一段时间经济将陷入紧缩，政府将增加税费的情况下选择资本转移，一旦资本外流那么势必会拖累当地的经济增长。

其二，挤出效应。众所周知，当地方政府发行债务为购买性支出融资时，政府支出的增加会使IS曲线右移，从而提高利率水平，降低资本的投资回报率，进而对私人资本产生“挤出效应”。如前文所述，在短期当地方政府增加债务规模为购买性支出融资时，将首先增加公共资本积累，并通过带动政府资本介入的相关上下游产业的直接投资，和改善投资环境两大渠道吸引社会资本，产生大于“挤出效应”的“挤入效应”，增加经济社会整体资本积累水平，进而带动经济增长。可是从长期来看，当地方政府债务规模持续增加时，经济社会整体储蓄水平是下降的，就算考虑到政府债务的“财富效应”，私人储蓄的增加也无法弥补长期公共储蓄的下降趋势，经济社会整体储蓄水平的下降将导致长期利率上升，损害私人资本的投资利润、增加融资成本，从而产生大于“挤入效应”的“挤出效应”。另一方面，长期利率上升的趋势也有可能通过预期发挥作用（如税费效应所述），导致资本外流，从而损害当地的经济增长。

除了通过长期利率上升进行挤出以外，挤出效应还包括公共资本对私人资本的直接挤占。当地方政府债务规模持续上升时，某种程度上意味着公共投资不断上升，地方政府在冲刺政绩的各项投资中便极有可能挤占了私人资本的投资空间，而发生所谓“与民争利”的现象。公共投资依托政府信用作为“后盾”，将不断挤占包含信贷资源在内的资源分配，扭曲资源配置格局，对私人投资产生排斥和替代。另一方面，由于公共资本积累受到边际产出递减规律的影响，通过大量增加公共建设的经济增长模式面临着边际贡献下滑的风险，一方面挤占了大量的资源，而另一方面生产效率却难以为继，导致经济社会无法合理化配置资源，从而影响经济的长期表现。综合整个“挤出效应”的作用机制来看，我国地方政府债务在长期内对经济增长的不利影响，其中蕴含着的深层原因在于我国各级政府可能存在对市场经济运行的过度干预，存在政府职能的“越位”现象。

其三，通货膨胀效应。如前文所述，地方政府举借的债务终究需要偿还，而偿还债务需要大量的流动性，为了使地方政府以及各地投融资平台获得足以偿还债务的流动性，保证资金链不至断裂，同时又为了确保地方政府有足够的资金谋求当地经济发展，保证大型公共工程投资项目不会陷入断贷困境，货币当局极有可能放松经济社会整体的流动性，或者采用定向政策工具如信贷调控、利率调控等手段保证特定行业和经济主体的偿债能力①。甚至有可能直接采取“赤字货币化”的方式，通过制造通货膨胀来减轻地方政府的债务负担。当经济社会流动性开始增加时，物价水平将出现上升的趋势，尤其是从长期来看，工资和物价等价格因素将不再具有粘性，而是能够随着市场环境的变化发生改变，因此，一旦地方政府在长期内债务规模不断累积，为了应对日益庞大的债务压力，货币当局就有动机制造长期的通货膨胀或通胀预期，而长期的预期或实际通胀将提高物价和工资水平，从而削弱企业的盈利能力并对经济增长带来负面影响。从另一条渠道看，我国地方政府为推动区域经济增长进行了大量的资本性投资，政府资本投入的相关产业及各关联产业势必得到较好的发展机遇，当地方政府通过大量举债投资相关产业时，势必会释放大量的需求，在推高相关产业本身景气程度的同时，也将提高相应的人力成本和资本价格，进而可能对整个宏观经济造成成本推动型通货膨胀的压力，一旦经济社会整体价格水平开始走上螺旋上升式的演变通道，那么对私人资本投资占比较重的行业将产生严重的挤压，不仅在资源分配上缺乏话语权，而且利润空间也将因成本推动型通胀受到严重侵蚀。

5.3　基于动态最优化的非线性效应推导

利用动态最优化的中心思想，构建地方政府债务对经济增长非线性影响的定量分析框架，学界对此进行过较深入的研究。Checherita-westphal（2014）、胡翠和许召元（2011）都分别构建过验证非线性，即最优债务阈值存在性的动态最优化分析框架。为了紧紧突出资本积累这一关键中间变量，本书借鉴了胡翠和许召元（2011）的研究，构建了如下定量模型。

假设市场存在同质化的典型消费者，该消费追求跨期效用最大化，效用函数如下：

---

① 如前文提到的《关于做好地方政府专项债券发行及项目配套融资工作的通知》就是个中典型。

$$U = \int_0^{\infty} \left[\frac{(c^{1-\sigma} - 1)}{1 - \sigma} \right] e^{-\beta t} dt \tag{5.7}$$

其中 σ 表示跨期替代弹性的倒数，β 表示贴现因子。为简化分析，假设生产函数只与一种生产要素即资本存量有关。设 $Y = f(k)$，并满足 $f(k)' > 0$，$f(k)'' < 0$，即资本存量边际产出递减。在本书中，为了紧扣资本存量这一关键中介变量，假设负债率为存量债务与资本存量之比，即 $\theta(t) = \frac{B(t)}{k(t)}$。根据动态最优化理论，消费 C 即为控制变量，而资本存量 K 为状态变量。因此，新增债务规模可以写为：$B(t)' = \theta(t)k(t)'$。假设债务资金只有部分被用于公共资本投资，债务资金使用效率为 ϑ，则新增资本存量方程可以写为：

$$k(t)' = f(k) - c(t) - r\theta(t)k(t) + \vartheta\theta(t)k(t)' \tag{5.8}$$

联立（5.7）、（5.8）构建汉密尔顿方程如下：

$$H = \frac{c^{1-\sigma}}{1 - \sigma} + \mu(1/1 - \theta\vartheta)[f(k) - c(t) - r\theta(t)k(t)] \tag{5.9}$$

其中 r 表示融资利率，一般情况下我们假设融资利率与负债率正相关，即债务规模越大，风险越高，融资成本也越高。即 $r(\theta)' > 0$。

一阶最优化求解（5.9）可得：

$$c^{-\sigma} = \frac{\mu}{1 - \theta(t)\vartheta} \tag{5.10}$$

$$\mu' = -\frac{\mu}{1 - \theta\vartheta}[f(k)' - r\theta(t)] + \beta\mu \tag{5.11}$$

$$k(t)' = \frac{1}{1 - \theta\vartheta}[f(k) - c(t) - r\theta(t)k(t)] \tag{5.12}$$

其中，横截性条件为：$\lim_{t \to \infty} \mu e^{-\beta t} k(t) = 0$。联立（5.10）-（5.12）可得：

$$\frac{c(t)'}{c(t)} = \frac{[f(k)' - r\theta(t)] - \beta[1 - \theta(t)\vartheta]}{(1 - \theta\vartheta)\sigma} \tag{5.13}$$

式（5.13）即为消费的动态最优增长路径，消费的稳态情况为 $c(t)' = 0$，对消费的稳态情况求负债率 θ 的一阶导：

$$\frac{dk^*}{d\theta(t)} = \frac{r + r(\theta)'\theta(t) - \beta\vartheta}{f(k)''} \tag{5.14}$$

由（5.14）可知：

当 $r+r(\theta)'\theta(t)-\beta\vartheta>0$ 时，$\frac{dk^{*}}{d\theta(t)}<0$，即此时资本存量随负债率的提高而下降。

当 $r+r(\theta)'\theta(t)-\beta\vartheta<0$ 时，$\frac{dk^{*}}{d\theta(t)}>0$，即此时资本存量随负债率的提高而上升。

由上述结论我们可以清楚的看到，资本存量与债务规模间存在明显的非线性关系，基于新古典增长理论，我们进一步假设经济增长与资本存量呈正相关关系，因此资本存量与债务规模的非线性关系可以引申到经济增长上，即证明了地方政府债务与经济增长间的非线性效应存在。

5.4　土地市场影响下的非线性传导机制分析

上文分析了地方政府债务分别在短期和长期内影响经济增长的一般作用机制。在我国，土地要素和政府行为是研究地方政府债务问题不能回避的两大领域。地方政府在预算软约束和政绩晋升激励下，对举债投资推动当地 GDP 增长、发展改善民生、增加公共产品供给有“刚性需求”，也就是说，地方政府扩大债务规模的行为具有主动性。这种主动性带来的地方政府举债和投融资行为在我国现行分税制财税体制的收支缺口制约下，将驱使地方政府依赖土地这一重要的中介要素，从而催生出具有鲜明中国特色的“土地财政”和“土地金融”。因此，要想分析清楚我国地方政府债务对经济增长影响的传导机制就必须分析基于土地要素的影响机制。

5.4.1　我国地方政府债务与土地市场的互动机制探究

本书将在本节首先简单陈述我国基本的土地储备、出让和“招拍挂”制度等相应的制度安排，以及催生相关制度安排的现实背景。随后在此基础上陈述我国地方政府债务规模扩张与土地出让（土地财政）、土地抵押（土地金融）等活动的互动关系。只有在明晰我国基本国情、了解我国地方政府债务与土地要素内在的深层关联的基础上，才能真正梳理出能够解释“中国国情”的地方政府债务影响经济增长的作用路径。

20世纪90年代国家推行分税制财税体制改革，就财政收入的主要组成部分——税种进行了中央和地方的划分，从而形成了财权上行，集中于中央的局面；而另一方面中央和各级地方政府间的事权即支出责任划分的改革相对滞后，这就造成了地方政府事权和支出责任不匹配的困局，地方政府单单依靠本级一般公共预算收入和上级转移支付无法履行政府职能，无法满足提供公共产品、投资基础设施建设和推动地区经济增长的需要。因此，地方政府迫切需要财源上的支持。与此同时，我国行政管理体制造就了上级政府对下级政府“家长式”的角色，从而导致了“公共池风险”和预算软约束的现象，并且导致地方主政者产生了风险外溢的预期和动机，也就是通俗意义上的“大而不能倒”，从而弱化了地方政府债务的管理和约束；其次，我国在人事提拔制度上仍然将GDP摆在突出的位置，因此在政绩激励的作用下，地方政府也有充分的积极性举债融资发展地区经济；最后，最重要的一点是，我国在经济发展的大格局上，中央政府对地方政府进行了充分的放权，赋予了地方政府发展经济充分的自由度，在这样的大背景下形成了支持我国经济增长的重要一极：地方政府高投资驱动模式。在该模式下，结合政绩激励、预算软约束、一般公共预算财力不足等诸多因素，我国逐渐形成了以地方政府“高负债+高投资=高增长”的经济增长格局。

高增长需要高投资，而现实情况下高投资离不开高负债，而在我国推行新预算法之前，中央严格控制地方政府举债，要求各地维持收支平衡。为了能够筹集足够的资金用于发展经济，地方政府纷纷成立了投融资平台发挥为地区经济增长和城市化进程融资的作用，承担政府投融资职能。根据经济学知识，借贷方寻求贷款必然需要有一定规模的资产池作为获得资金授信的依据和偿还保障。而正如上文所述，中央政府在推动地区经济增长的问题上赋予了地方政府充分的职权，其中一个重要的表现形式就是地方政府拥有当地国有资产的使用权、处分权和受益权。地方政府可以将国有资产以划拨等形式注入投融资平台，形成投融资平台的高质量资产池，使之具有能够获得授信，支持地区城市化建设和基建投资的能力。作为最重要的国有资产，土地自然扮演了举足轻重的角色。

如前文所述，我国早在 1986 年正式颁布的《中华人民共和国土地管理法》中就为地方政府划拨土地、充实平台公司资产池，执行政府投融资职能提供了制度支持。根据我国《土地管理法》等相关规定，国有土地和农村集体用地能够依法转让，进入土地市场，而对于进入土地市场的国有土地，代表国家公权的地方政府在依法合规的权限范围内拥有优先购买权。由此，地方政府可以委托国土部门和土地储备机构有偿征收农村土地，并对农民进行相应的安置和补偿。土地储备部门对征收的“生地”进行一定程度的整理后使之变为“熟地”，并经“招、拍、挂”的土地出让流程完成国有土地使用权的出让。经过土地使用权出让，在扣除必要的土地整理成本和相关税费计提之后，地方政府可以获得大笔的土地出让收入并列入政府性基金预算管理，从而形成所谓的“土地财政”，由此，地方政府能够有效弥补建设资金的不足，获得推动地区城市化建设和公共项目投资的财力支持，进而促进经济增长。

在“土地财政”的实现过程中，土地的征收和整理是必不可少的重要环节，但土地的征收和整理对地方政府而言是“资金密集型”的项目，地方国土部门很难完全依靠预算拨款予以妥善处理。因此，地方政府和国土部门往往会将土地整理和熟化的工作委托给投融资平台打理，同时在国发〔2014〕43 号文、国办发〔2015〕40 号文等文件出台前，地方政府可以通过将储备土地划拨给投融资平台，或者承诺以预算资金和土地出让收益偿还平台债务的方式，使投融资平台成为合格的借贷主体，能够从银行获得足够的信贷支持来完成土地熟化和整理等工作，在这个过程中土地作为抵押品体现了土地的“资本化”，而投融资平台作为沟通地方政府和商业银行的桥梁，扮演了“信贷加速器”的角色。在依托土地作为抵押品的“土地金融”活动中，投融资平台可以凭借抵押土地资产（也可以质押政府在建工程和政府还款承诺）的形式从商业银行举借债务，为地方政府筹集建设资金；商业银行出于分享政府土地出让收益，获取信贷利润的动机往往会给予投融资平台足够的流动性支持。

从这个过程中可以看出，土地增值预期是“土地金融”的关键因素。出于分享政府土地出让收入的目的和土地增值预期，商业银行选择将大量信贷资源投放到投融资平台，投融资平台则依托土地价格上涨的预期提升了自身的信用等级，增加了授信额度；同时，地方政府也能因土地价格的上涨获得更多的“土地财政”收入，满足城市化建设的资金需求，并且借由土地出让收入的增加和因经济增长带来的税收收入的增加，地方政府和投融资平台的债务偿还能力会随之提高，有能力举借更多的债务。简而言之，地方政府通过征地能够以土地出让和抵押贷款的形式获取建设资金，当土地价格上涨时，地方政府能够获得更高的土地出让收入和更多的信贷支持，能够更好的推进地区城市化建设和经济增长从而实现政治利益的最大化；同时，当土地价格上涨时，不仅地方政府能因此提高债务偿还能力和信用等级，获得更多的信贷额度，而且由此带来的快速的城市化建设也能维持甚至进一步强化土地增值的预期。上述互动机制能够基于土地增值的预期自我强化，在政府投资主导的经济增长模式下，政府有强烈的内在动力增加投资，通过举债推动城市化建设推高地价，或者维持地价高位运行可以提高自身财政能力和偿还能力，同时基于财政能力和偿还能力的提高，地方政府债务规模也将进一步提高，如图 5 -3 所示。

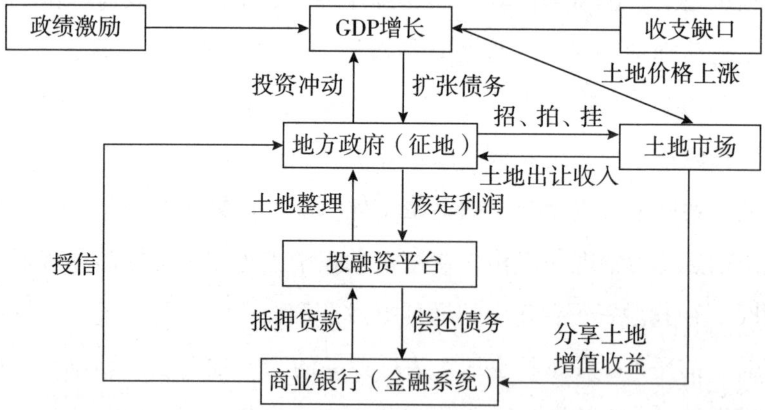

图 5 -3 投资主导模式下我国地方政府债务与土地的互动机制图

5.4.2 基于土地市场影响下非线性传导机制的定性分析

通过分析我国地方政府债务与土地市场的互动机制，我们可以了解以下几个事实：其一，我国地方政府出于政治利益最大化的目的，无论是主政者谋求政绩晋升还是地方政府获得上级政府的“红利补贴”[①]，地方政府都有强烈的动机通过增加政府投资来促进经济增长；其二，在我国现行的财税体制安排下，地方政府仅靠一般公共预算无法满足提高公共服务水平、增加公共资本供给的需要；其三，我国地方政府对地方国有资产和财政资源有绝对的控制权和处分权，地方政府可以通过出让和抵押土地使用权获得大量的政府性基金预算财力，即通过“土地财政”和“土地金融”的方式来弥补建设资金的不足；其四，地方政府有维持地价高位运行的内在动力，通过土地价格上涨和高位运行，地方政府能够提升自身的信用等级和偿债能力，同时有能力进一步扩张债务从而谋求更出色的建设政绩，而更大规模的城市化建设和快速的经济增长在提高当地政府财政能力的同时，也能维持甚至进一步强化土地增值预期，从而形成地方政府债务规模扩张与土地价格上涨的互动强化机制。

基于上述事实，我们可以进一步分析我国地方政府债务如何基于土地市场的调控对经济增长施加非线性的影响。我国的土地使用性质大概可以分为工业用地、城市商业用地和住宅建设用地。为简化分析，我们假设地方政府拥有的国有土地使用权的性质分为工业用地和住宅建设用地两大类，地方政府对农村集体土地和国有土地进行征收储备后，能够灵活配置上述两大类性质的土地资源。由此我们可以进行分析：在经济发展初期，地方政府为了发展地区经济、推动城市化建设，需要直接投入和吸引大量的投资。这时地方政府在完成土地征收储备工作后，可以一方面利用政策调控等手段低价配置工业用地[②]，即以优惠的价格将土地使用权出让或者租赁给工业企业从事生产活动，另一方面可以高价出让或抵押住宅和商业用地使用权。通过上述两类异质化的安排地方政府不仅可以利用一系列政策优惠招徕私人资本直接从事生产投资，还可以借由高价配置的住宅用地筹集足够的“土地财政”收入和获取足够的信贷支持。也就是说，地方政府不仅可以低价配置工业用地直接吸引投资，还可以借由高价出让住宅建设用地使用权获得足够的建设资金推

---

① 包含诸如风险外溢的软约束支持和各种转移支付等形式。

② 工业用地“招、拍、挂”底价低于商住用地，并且地方政府还可以通过土地出让收入返还等方式对工业企业予以奖励。

动城市化进程，通过增加公共资本积累发挥公共资本短期内对私人资本的“挤入效应”，以改善投资环境为主要推动力增加整个经济社会的资本积累规模，从而促进经济增长。

在这个作用路径中，随着债务规模扩大，地方政府首先能够通过投融资平台征到更多的土地，随后一方面低价配置工业用地，以优惠和扶持政策吸引私人投资；另一方面既可以通过高价转让住宅建设用地使用权的“土地财政”，又可以通过抵押住宅建设用地和在建工程，进一步增加债务的“土地金融”这两大形式，筹集建设资金投资基础设施建设，以公共资本的增加带动私人投资的增加，从而推动经济增长。然而，从长期来看，当地方政府债务规模持续上升时，债务风险膨胀不仅可以通过上文所述的三大渠道：税费效应、挤出效应和通胀效应对经济产生消极影响，而且还可以通过以下两大作用路径抑制经济增长。①基于我国地方政府债务与土地市场的联动机制，我国地方政府债务资金大多来源于想要分享土地增值收益的商业银行系统，因此，我国长期的债务风险膨胀将有可能通过对商业银行系统的传导引发系统性金融风险，从而拖累长期经济表现。②我国地方政府债务与土地市场存在联动机制，即地方政府债务规模扩张与土地价格上涨间存在自我强化的正向激励。地方政府为了提高举借新增债务和偿还存量债务的能力，必然对推高土地价格或维持地价高位运行有内在动力，如此一来，将增加居民房贷压力、抑制消费，并增加企业的生产运营成本，最终可能导致或加速人才与资本的外流，如图 5 -4 所示。

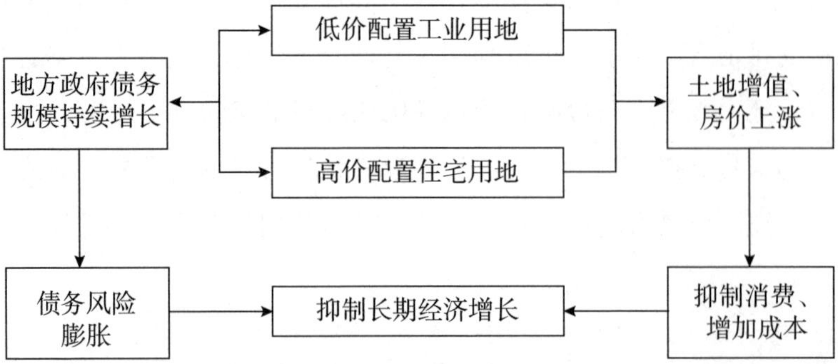

图 5 -4 基于土地要素的我国地方政府债务对长期经济增长的影响机制

5.4.3　基于土地市场影响下非线性传导机制的定量分析

本节基于上文描述的理论机制构建模型，试图以公式化的语言概括地方政府债务与土地市场的联动机制以及地方政府债务对经济增长的非线性影响。通过借鉴谢思全、白艳娟（2013）①、范剑勇、莫家伟（2014）②、谢保鹏（2017）③ 等人的研究，本书将尝试构建如下定量分析模型。

前提假设：①地方政府有现实需要，并且能在制度允许和法律授权的范围内征收农村土地，并通过土地使用权出让和抵押的方式获取建设资金。②我国地方政府和地方官员间就“政绩竞争”和“晋升激励”而言，其行为具有高度的同质化特征。③包含政府和商业银行在内，各经济主体都满足“理性人”假设，即都追求各自利益的最大化。

模型构建：假设某地方政府（同质化主体）辖区共有 N 单位国土面积，而 n 表示地方政府共征收的土地面积，有 $0<n<N$；若 P 表示当地土地市场的单位市场价格，那么 αP 可以用来表示地方政府征收农村土地的价格，其中 $0<\alpha<1$，表示地方政府征地的成本系数，地方政府征地总成本则可以表示为 $n\alpha P$。根据上文所述，在 2015 年新预算法正式实施，允许地方政府自发债券之前，地方投融资平台在地方政府融资举债的行为中扮演了重要角色，地方政府征地后可以通过投融资平台以“土地金融”的形式获得商业银行抵押贷款，为地区城镇化进程筹资；或者地方政府可以经过投融资平台的熟化处理后进行土地出让，获取“土地财政收入”，结合上文的分析，本模型将地方政府的具体操作分为低价直接出让工业用地和高价抵押住宅建设用地使用权两大类。若以 β 表示低价出让的工业用地占全部征收土地的比重，则 βnP 表示可获得的出让收入；$(1-\beta)$ 表示抵押的住宅建设用地占全部征收土地的比重，则 $\phi(1-\beta)nP$ 代表可以获得的商业银行抵押贷款，表示地方政府债务规

---

① 谢思全，白艳娟．地方政府融资平台的举债行为及其影响分析——双冲动下的信贷加速器效应分析［J］. 经济理论与经济管理，2013（1）：60－68.

② 范剑勇，莫家伟．地方政府债务、土地市场与地区工业增长［J］. 经济研究，2014，49（1）：41－55.

③ 谢保鹏．基于土地财政的地方政府债务研究：规模、风险及其传导［D］. 中国农业大学，2017.

模。其中 $\phi>1$，表示杠杆系数。

接下来分析地方政府行为，地方政府通过举借债务为政府购买性支出融资，政府购买性支出又可以分为资本性支出和消费性支出[①]，分别用于城市基础设施建设和提供公共服务，其中资本性支出用 I 表示，消费性支出用 C 表示，二者所带来的社会福利效用分别表示为 $\ln I$ 和 $\ln C$。我们知道，地方政府通过举债增加政府购买性支出，其目的在于发展地方经济，但是出于地区间竞争和官员晋升因素的考虑，地方政府在征地的过程中难免会付出一些因急于求成而带来的社会成本，综合考虑社会成本和固有的经济成本之后，我们设 $\ln\alpha$ 为政府征地行为所带来的总福利效用成本[②]。根据前文经济主体利益最大化的假设，我们可以得出地方政府总体效用函数：

$$U=\varepsilon\ln I+\rho\ln C+(1-\varepsilon)\ln\alpha \tag{5.15}$$

其中参数 ε 代表的含义是地方政府对发展地区经济的积极性以及对由此带来的社会问题的容忍程度，换句话说该参数体现了地方主政者在经济增长和社会成本之间所做出的衡量与抉择。同理，参数 ρ 反映的是地方政府对增加消费性支出，提供诸如卫生、教育在内的公共服务的积极性，二者的取值范围均为（0，1）。

我们接着可以写出地方政府的预算约束函数，在本节模型中地方政府主要依托税收收入、抵押土地使用权举借的债务收入以及土地出让收入，为支出端的资本性支出、消费性支出和必要的征地成本筹集资金。假设 T 表示政府税收收入，那么预算约束方程可以写为：

$$T+\beta nP+\phi(1-\beta)nP\geqslant\alpha nP+I+C \tag{5.16}$$

综合式（5.15）、式（5.16），地方政府举债投资的最优化行为决策可以描述为：

---

① 消费性支出包含行政管理支出、提供公共服务的支出等，这里提到的消费性支出是提供公共服务的部分。

② 系数 α 本身就能反映地方政府征地的经济成本，随着 α 的下降，农民被政府征地所涉及的补偿问题、安置问题等社会问题都有矛盾加剧的风险，因此该系数也可以综合反映包含经济成本在内的总福利成本。

$$\underset{\alpha、I、C}{Max}\ U = \varepsilon \ln I + \rho \ln C + (1-\varepsilon)\ln\alpha$$

$$s.t.\ T + \beta nP + \phi(1-\beta)nP \geqslant \alpha nP + I + C$$

根据拉格朗日法则求解上式，可得：

$$L = \varepsilon \ln I + \rho \ln C + (1-\varepsilon)\ln\alpha + \mu[T + \beta nP + \phi(1-\beta)nP - \alpha nP - I - C]$$

分别求解方程 L 对资本性支出 I、消费性支出 C、征地成本参数 α 和拉格朗日乘数 μ 的导数，然后根据经济主体利益最大化的决策目标，使所有一阶导数等于 0 可得：

$$\frac{\varepsilon}{I} = \mu$$

$$\frac{\rho}{C} = \mu$$

$$\alpha = \frac{1-\varepsilon}{\mu nP}$$

$$T + \beta nP + \phi(1-\beta)nP = \alpha nP + I + C$$

假设参数 $\gamma = T + \beta nP + \phi(1-\beta)nP$，将其代入上式，整理可得：

$$I = \frac{\varepsilon}{1+\rho}\gamma \tag{5.17}$$

$$\alpha = \frac{1-\varepsilon}{(1+\rho)nP}\gamma \tag{5.18}$$

$$C = \frac{\rho}{(1+\rho)}\gamma \tag{5.19}$$

$$U = \varepsilon \ln \frac{\varepsilon\gamma}{1+\rho} + (1-\varepsilon)\ln\frac{(1-\varepsilon)\gamma}{(1+\rho)nP} + \rho\ln\frac{\rho\gamma}{1+\rho} \tag{5.20}$$

模型假设地方政府可以低价配置工业用地，并向商业银行抵押住宅用地使用权来获得建设融资。因此在考虑地方政府最优行为决策的同时，还需要考虑到商业银行的最优行为。进一步假设工业企业的购地款也来自银行信贷，那么商业银行的贷款利润可以写为对工业企业的购地信贷利润，与对投融资平台的抵押贷款利润之和：

$$\pi = r[\beta nP + \phi(1-\beta)nP] \tag{5.21}$$

其中 r 表示商业银行的存贷利差，综合分析（5.17）－（5.21），结合上文

所提到的参数 α、ρ、ε 的取值范围可得以下结论：

(1) $\frac{dU}{d\varepsilon}=\ln\frac{\varepsilon nP}{(1-\varepsilon)}>0$，$\frac{dU}{d\rho}=\left(\frac{\rho-1}{\rho+1}+\ln\frac{\rho\gamma}{1+\rho}\right)<0$，$\frac{dI}{d\varepsilon}=\gamma\frac{1}{1+\rho}>0$。

这三个式子分别说明地方政府的效用随着发展经济、增加政府投资支出的积极性的提高而增加，随着消费性支出偏好的提高而下降；而随着发展经济的积极性的提高，地方政府越发倾向于增加资本性支出。以上观点印证了上文理论机制的研究结论，反映了我国地方政府债务促进经济增长的内在机制。即在“晋升激励”和地区间经济增长“竞争竞标赛”的大制度背景下，地方政府具有强烈的动力投资城市化进程，发展本地区经济。而在财力制约的困境下，地方政府如模型所构建，往往依赖政府债务和土地出让收入来为经济增长筹集资金，因此，当地方政府发展经济的偏好越强烈，“土地财政”以及“土地金融”下的债务工具运用的越频繁，政府资本性支出和基建投资规模将越大，最终在“高债务－高投资”的发展模式驱动下，地方政府的效用也将越高。当然，这种发展模式在过去出现了过度强调 GDP 增长和片面提高政府资本性支出的问题，忽视了消费性支出所带来的基本公共服务的重要性，所以，体现在公式上就表现为政府效用会随着消费性支出偏好的提高而下降。

(2) $\frac{dI}{dn}=\frac{\varepsilon}{1+\rho}\alpha P>0$，$\frac{dU}{dn}=\frac{\varepsilon}{I}\frac{dI}{dn}+\frac{\rho}{C}\frac{\rho}{1+\rho}\alpha P-\frac{1-\varepsilon}{\alpha}\frac{d\alpha}{dn}>0$。

同理，为简化分析，经过推算可直接写出$\frac{dI}{dP}>0$，$\frac{dU}{dP}>0$。如果进一步对(5.21)进行最优化求解，可以得到$\frac{d\pi}{dn}>0$，$\frac{d\pi}{dP}>0$。由结论（2）的几个公式可以看出：地方政府效用、政府购买性支出以及商业银行利润不仅与征地面积呈正相关关系，而且还随着地价的提高而增加。表明地方政府征地面积越大，地价水平越高，地方政府效用和购买性投资支出水平将越高，而且商业银行也将更倾向于分享土地增值收益而增加对投融资平台的信贷，从而导致地方政府债务规模不断扩张，上述路径在 2015 年新预算法正式实施之前，表现得尤为明显。

这印证了上文理论机制的另一个观点，即地方政府利用政府债务和土地出让收入筹资，进而通过投资性支出的扩张，驱动经济增长的模式存在自我强化的内生推动力。地方政府通过不断征地将土地要素充分配置到市场中去，可以不断的获取土地出让收入并且推高地价，地价维持在高位运行可以提高抵押品价值，从而令地方政府能够在土地增值的预期中获取商业银行的信贷支持，提高其信用等级和偿还能力，进而出现地方政府债务与土地价格、基建投资规模间的正向激励。地方政府效用在这种正向激励机制和“GDP 竞标赛”的双重作用下，随着债务规模的扩张、经济增长的加速而不断得到满足。

（3）从债务风险的角度进行分析，假设地方政府的征地行为是连续的而非一次性的。在本节的模型中，地方政府在低价配置工业用地之余，会通过抵押住宅建设用地使用权的形式举借债务。这部分获得的债务资金表示为 $\phi(1-\beta)nP$ ，为简化分析，假设地方政府获得这部分收入后用于向农民继续征地，那么又可以征得 $\frac{\phi(1-\beta)n}{\alpha}$ 的土地。利用这部分征得的土地，地方政府又可以向商业银行进一步举借总额为 $\frac{\phi^2(1-\beta)^2nP}{\alpha}$ 的债务。如果“征地－举债”行为如此循环往复，那么最终，地方政府债务规模可以写成等比数列的形式，该等比数列的比例项为 $\frac{\phi(1-\beta)}{\alpha}$ 。

当 $\frac{\phi(1-\beta)}{\alpha}>1$ 时，地方政府债务规模是一个发散的等比数列，最终债务规模将持续累积，风险将迅速膨胀，从而有可能导致系统性风险。在这种情况下，地方政府债务风险将成为阻碍经济长期稳健增长的一大风险来源，并可能通过上文所分析的税费效应、挤出效应、通胀效应等渠道对经济产生消极影响。

当 $\frac{\phi(1-\beta)}{\alpha}<1$ 时，地方政府债务规模是一个收敛的等比数列，此时能计算出债务规模相比第一项 $\phi(1-\beta)nP$ ，扩大了 $\frac{\alpha}{\alpha-\phi(1-\beta)}$ 倍，虽然此时整体债务风险处在可控范围内，但前提条件是 $\frac{\phi(1-\beta)}{\alpha}<1$ ，意味着

$\phi(1-\beta)nP < \alpha nP$，即地方政府举借的新增债务规模要小于征地成本，这在各地地方政府债务规模持续上升的现状中较难实现。因此，综合上述两种情况看，地方政府债务风险仍需引起当局足够的重视，因为一旦债务规模出现非正常快速扩张的情形，风险的迅速累积将对经济增长产生负面影响。

5.5 本章小结

本章的主要目的是在第3章理论基础的铺垫下，完成我国地方政府债务对经济增长非线性影响的传导机制分析。首先，本章基于凯恩斯主义经济学思想和公共产品理论，分析地方政府债务对经济增长的短期促进作用。在短期，当中央政府决定实施积极财政政策、扩张债务规模时，在地方政府层面会表现为大量的市政工程和基础设施建设，一方面基于"乘数效应"，地方政府增加债务规模和购买性支出将直接、显著的刺激总需求，增加总产出；另一方面，由于公共资本积累水平和公共服务的增加，投资环境和营商环境的改善会吸引私人投资的进入，也就是说，公共资本与私人资本在短期内具有强烈的互补性，基于公共产品的正外部性可以吸纳相当部分的私人资本积累。此外，在短期，当地方政府增加资本性支出时，本身也能通过引导和示范效应直接拉动相关产业的发展。因此，在短期，当地方政府增加债务规模为资本性支出融资时，由此带来的"挤入效应"要大于可能带来的"挤出效应"（主要表现为利率上升对私人投资的挤出）。本章进一步构建了IS-LM-RE模型进行短期作用机制的量化分析，通过模型分析不仅验证了短期内地方政府债务对经济增长存在推动作用，并且还进一步指出东部沿海地区由于经济较发达、金融市场化程度较高，同时具有较扎实的经济发展基础和资本积累，货币需求对利率的变化更加敏感，即k较小、h较大，市场能够自发的调节财政收支和产品市场一般均衡发生变化时导致的货币需求波动，无需货币当局的政策配合。而中西部地区则刚好相反，如果没有同时增加在当地的流动性投放，那么新的IS-LM-RE均衡将无法实现，货币需求将大于货币供给，由此可能带来债务危机。以上结论进一步指出了短期内我国地方政府债务对经济增长的促进作用存在异质性的特征，为第7章的实证分析结果埋下伏笔。

其次，本章分析了地方政府债务的长期积累对经济造成负面影响的作用机制。当地方政府债务规模不断累积，导致债务投资的边际产出低于融资成本时，负面机制将通过“税费效应”“挤出效应”和“通胀效应”三大渠道发挥作用。当地方政府债务长期扩张时，由此带来的可能的税收增加和流动性紧缩将对经济产生严重的冲击，另外，当债务长期存在且扩张时，意味着公共储蓄的持续不足，大量的流动性可能在地方政府、城投平台、项目和商业银行间空转，将造成长期利率的上升，从而导致“挤出效应”反过来大于债务投资可能带来的“挤入效应”，影响私人资本的积累。更严重的可能性是，如果政府开始启动降息周期，甚至直接采取“赤字货币化”的模式，希望通过释放流动性来偿还债务，将产生结构性的通货膨胀效应，挤压本就在资源配置中处于弱势的民营经济的利润空间，而一旦市场出现地方政府债务将长期积累和扩张时，又将通过市场预期自我强化上述三大作用路径，引发可能的资本外流，从而加剧对长期经济增长的负面影响。

再次，本书基于动态最优化思想，构建了我国地方政府债务与经济增长非线性关系的定量分析框架。本书所构建的动态最优化分析框架紧紧围绕资本积累这一关键中介因素，通过推导出资本积累与负债率存在非线性关系，并基于新古典增长理论中经济增长与资本积累的高度正相关性，验证了我国地方政府债务与经济增长间非线性关系的存在性。

随后，本章基于中国国情，在地方政府债务对经济增长的短期和长期效应研究基础上，进一步分析了我国地方政府债务与土地市场的互动机制，并在互动机制的基础上将土地要素作为重要的中介指标，通过分析土地出让收入、地价和债务扩张的联动机制，探究我国地方政府债务对经济增长的非线性影响。上文的作用机制分析，无论是短期还是长期，都是基于经济学理论的一般化分析，无法在机制分析中体现出“中国特色”，而要分析我国的债务问题和经济增长问题就无法绕开城投平台、土地出让的制度安排。

在我国“高债务－高投资”的经济增长模式、地方官员“GDP 竞标赛”、分税制下地方政府财力事权不匹配三大因素共同影响下，地方政府急需扩充财力来推动地区城市化进程。在这个过程中，地方政府基于对地方国有资产和行政资源的支配权，能够以相对低价征收农村土地，并将其推入市场。通过低价配置工业用地，高价出让和抵押住宅建设用地使用权，形成了极具中国特色的“土地财政”和“土地金融”现象。地方政府、投融资平台能获得大量的政府性基金预算收入和债务资金，并以此投资政绩工程，推动地区城市化。在这个地方政府与土地市场的互动机制中，不仅能够通过低价配置工业用地吸引私人投资，更能通过出让和抵押土地使用权直接获得投资公共工程的资金，因此作为重要抵押品的土地，其价值高低直接决定了地方政府可供支配的财力。地方政府有充分的内在动力维持土地的增值预期，保持土地价格温和有序的高位运行。通过土地增值的预期不仅可以保障地方政府的资金需求，还能提升其还债能力，所以，地方政府债务与地价间存在正向的相互激励机制。因此，当地方政府债务规模膨胀时，不仅存在因债务风险巨大从而对金融系统和宏观经济进行传导的路径，也存在因地价高企而对居民消费和企业生产运营带来挤压的可能性。

最后，本章构建了我国地方政府债务基于土地市场作用下，对经济增长非线性影响的定量分析模型。定量模型的分析结果与定性传导机制的分析结果相辅相成，均说明我国地方政府可以通过低价配置工业用地和高价出让、抵押住宅建设用地吸引私人投资，增加公共资本积累，并通过资本积累规模的增加推动经济增长。但是随着地方政府债务规模的扩张和地价的提高，债务风险如果得不到足够的重视将对经济的长期稳健发展带来消极影响。

第 6 章　基于 DSGE 模型的非线性影响分析

如前文所述，我国自 2015 年新预算法改革以来，对地方政府债务的制度安排进行了重大的调整。通过连续下发《国务院关于加强地方政府性债务管理的意见》（国发〔2014〕43 号文）等一系列文件，对地方政府债务的发行交易、期限结构、披露制度、定价、资金管理和使用等一系列相关制度建设问题进行指导和规划。在地方政府债务的发行和管理层面，投融资平台要求进行市场化转型、剥离政府融资职能，不允许凭借储备土地新增投融资平台，也不允许地方政府将未经甄别许可的平台债务纳入预算。相对应的，我国地方政府尤其是省政府可以作为发债主体发行政府债券，省政府通过打包辖区各级地方政府债务在银行间市场公开发行债券，由各大商业银行负责承销。当然，近年来随着地方政府债券发行和管理工作改革的深入推进，一级市场和二级市场的联系逐渐打通，地方政府债券和平台债券能够同时在银行间市场和交易所进行交易，同时非银金融机构也能参与到银行间市场的债券交易。但是我们可以看到，我国地方政府债券的发行仍然主要依托商业银行在银行间市场进行，这依然是我国地方政府债券发行制度的主体。因此，要想分析具有“中国特色”的地方政府债务对经济增长非线性影响的传导机制，除了要分析土地市场的影响以外，还要分析作为承销、交易、持有地方政府债务的“大头”——商业银行体系的重要作用。基于这样的认识，本章将通过构建包含金融加速器机制的 DSGE 模型，进一步分析我国地方政府债务对经济增长的非线性影响，使之与上文理论传导机制的分析相结合，构成本书论述的主要逻辑框架。

6.1　模型简介

所谓 DSGE 模型是指动态随机一般均衡模型，是近年来流行于宏观经济学界的经典的研究框架。它首先根据单一经济主体如厂商、企业家、消费者和政府的跨期效用方程进行最优化的行为决策，接下来采用一般均衡的方法（市场出清）对所有经济主体的最优行为决策进行加总，形成在资源约束条件下的总体最优决策行为方程组。随后，将这个总体最优行为方程组作为一个内生系统置于不确定的宏观大背景下，进而分析该内生系统在不确定的外生政策冲击下会产生怎样的动态变化。DSGE 模型的一般建模过程包括三大步骤。第一，基于微观经济学理论刻画各经济主体的最优决策行为；第二，基于各经济主体最优行为决策刻画一般均衡条件下各主体间的彼此联系和稳态状态（最常见的做法是在得到非线性动态方程组后进行对数线性化处理）；第三，通过估计和校准结构化参数对外生冲击进行详细的识别和描述，并在此基础上对内生系统的动态调整过程进行直观的呈现和描述。DSGE 模型之所以能够得到广泛的应用，在于它是具有微观经济学基础的宏观分析模型，它能够很好地模拟政策冲击（货币政策、财政政策）并分析其带来的冲击和影响。并且随着数据拟合技术的越来越成熟，DSGE 模型在预测能力上也越来越接近于传统的经验验证模型（如 VAR 模型等），因此，世界上各大央行和财政部门都纷纷构建了适合本国国情的一系列 DSGE 模型进行政策研究。

DSGE 模型的一大显著特征就是在新古典经济学的框架内不断加入了新凯恩斯主义的因素。最早的 DSGE 模型可以追溯到 Kydland 和 Prescott（1982）① 所提出的 RBC 模型（实际经济周期模型）。该模型在完全弹性价格和完全竞争市场的“理想设定”下，通过完全的参数校准的方法设定外生冲击的参数，分析技术冲击对经济增长的影响。虽然，该模型受到了机制刻画和参数校准可靠性的批判，但 RBC 模型首先开创了在不确定环境下的经济主体行为最优化的研究方法，因此，后人不断在其中深化机制的刻画和改进参数估计的方法，最终形成了以 Smet 和 Wouters（2003②，2007③）、Christianoetal（2005）④、

① F. E. Kydland, E. C. Prescott.（1982）. Time to Build and Aggregate Fluctuations [J]. Econometrica, 50（6）：1345－1370.

② Smets F, Wouters R.（2003）. An Estimated Stochastic Dynamic General Equilibrium Model of the Euro Area [J]. Journal of the European Economic Association, 1（5）：1123－1175.

③ Smets F, Wouters R.（2007）. Shocks and Frictions in US Business Cycles：A Bayesian DSGE Approach [J]. The American Economic Review, 97（3）：586－606.

④ Lawrence J. Christiano, Martin Eichenbaum, Charles L. Evans. Nominal Rigidities and the Dynamic Effects of a Shock to Monetary Policy [J]. Journal of Political Economy, 2005, 113（1）：1－45.

Gali（2008[1]，2015[2]）、等人的研究为代表的经典DSGE模型。

6.2　模型框架

本书构建的DSGE模型在上文叙述的模型基础上加入了新凯恩斯主义的色彩。所谓新凯恩斯主义DSGE模型即NK-DSGE模型往往加入了诸如工资黏性、价格黏性、投资调整成本等一系列凯恩斯主义的结构化要素。本书构建的DSGE模型是处在封闭环境下的NK-DSGE模型，在包含经典的三部门，家庭（消费者）、厂商和政府外还加入了商业银行体系，将金融加速器机制融入了模型的构建当中。

根据上文的描述，构建DSGE模型的第一个步骤在于描述微观主体的行为方程并对其进行最优化决策；第二个步骤是将针对单一微观主体的最优行为决策进行加总以得到总体非线性化的模型方程。因此，本书首先为了简化分析采取了一般化的处理方式，即假设经济主体是高度同质化的，微观主体的最优决策方程即是该经济主体的总体行为方程。

就家庭部门的机制构建而言，学界一般存在居民消费是否受到流动性约束的区分。居民消费如果受到流动性约束即意味着他们的消费行为无法进行效用的跨期最优，居民的消费主要由当期收入决定，并且受政府行为的影响。也就是说，此时居民是非李嘉图等价的经济主体，他们的消费同时还受政府购买性支出的影响。反之，如果居民消费能够进行跨期最优，同时消费行为不受政府投资的影响，此时的家庭部门就是典型的李嘉图等价经济主体。本书为了简化分析，采取了一般化的模型假定，即认为本书所构建的家庭部门是李嘉图等价的经济主体。

就厂商部门的机制构建而言，本书采用了常见的Dixit和Stigliz（1978）[3]

① Galí J（2008）：Monetary Policy，Inflation，and the Business Cycle：An Introduction to the New Keynesian Framework［M］. Princeton University Press.

② Galí J（2015）：Monetary Policy，Inflation，and the Business Cycle：An Introduction to the New Keynesian Framework and Its Applications（2nd Edition）．［M］. Princeton University Press.

③ Dixit AK，Stiglitiz JE. Monopolistic Competition and Optimum Product Diversity［J］. The American Economic Review，1978，67（3）：297－308.

的建模方法，即将厂商进行了中间产品厂商和最终产品厂商的区分。其中，中间产品市场是不完全竞争市场存在价格黏性。最终产品市场是完全竞争市场，并且最终产品厂商利用中间产品进行生产。同时，绝大多数NK-DSGE模型在构建过程中都不仅将消费者认为是生产要素的所有者——能够向企业出让自身要素禀赋的同时获得红利收益，还认为消费者即居民掌握了企业运营的决策权，能够对资本积累进行投资决策。但本书借鉴王君斌（2010[①]、2014[②]）、许志伟（2011）[③]、王文甫（2014）[④]、郭长林（2016）[⑤]、梅冬州（2015[⑥]，2018[⑦]）等人的研究，将资本品厂商从家庭部门当中分离出来。在本书的模型构建中，资本品厂商从居民部门中分离出来，即居民不再既掌握企业所有权还掌握经营权，有关资本积累的投资决策将由专门的资本品厂商决定，资本品的生产也由它们负责。

就政府部门的机制构建而言，政府部门掌握财政政策和货币政策的制定权，在政府维持预算约束的条件下，财政政策和货币政策在NK-DSGE模型的构建中均作为外生方程存在。模型内生变量系统所受的冲击一般由财政政策和货币政策的变化产生。本书构建的NK-DSGE模型中政府收支包含地方政府债务，因此如果对政府购买性支出施加一标准差大小的外生冲击，该外生冲击将会引起地方政府债务这一内生变量的变化，进而将影响传导至整个内生变量系统中。

就商业银行体系的机制构建而言，本书尝试引入金融加速器机制。所谓

① 王君斌，王文甫．非完全竞争市场、技术冲击和中国劳动就业——动态新凯恩斯主义视角[J]．管理世界，2010（1）：31－43＋51.

② 王君斌，郭新强．经常账户失衡、人民币汇率波动与货币政策冲击［J］．世界经济，2014（8）：42－69.

③ 许志伟，薛鹤翔，罗大庆．融资约束与中国经济波动——新凯恩斯主义框架内的动态分析[J]．经济学（季刊），2011，10（1）．

④ 王文甫，明娟，岳超云．企业规模、地方政府干预与产能过剩［J］．管理世界，2014（10）：17－36.

⑤ 郭长林．积极财政政策、金融市场扭曲与居民消费［J］．世界经济，2016（10）：28－52.

⑥ 梅冬州，雷文妮，崔小勇．出口退税的政策效应评估——基于金融加速器模型的研究［J］．金融研究，2015（4）：50－65.

⑦ 梅冬州，崔小勇，吴娱．房价变动、土地财政与中国经济波动［J］．经济研究，2018，53（1）：35－49.

金融加速器机制是指在信息不对称的情况下，企业（贷款人）在寻求金融市场的外部融资时受到融资溢价的约束（即所谓的金融市场摩擦），该融资溢价与企业净值相关，一旦经济系统产生外生冲击影响企业净值时，企业净值的变化带动融资成本的变化，形成了互相强化的作用路径，最终导致投资和宏观经济出现较大幅度波动的机制。金融加速器机制最早发源于信息不对称理论和 Townsend（1979）① 的有成本状态验证理论（CSV）：当金融市场存在信息不对称时，贷款人在寻求金融市场的外部融资时会承担外部融资溢价，该溢价与企业净值有关。Bernanke、Gertler 和 Gilchrist（1999）②（即所谓的 BGG）将 CSV 理论加入 DSGE 模型中，并通过引入标准债务合约和风险冲击真正构建起了第一个金融加速器机制。此后，学界对金融加速器机制的研究长盛不衰且各有千秋。Jesus Fernandez-Villaverde（2010）③ 继承了 BGG 的建模思路，重点分析了企业的标准债务合约。梅冬州和龚六堂（2011）认为，金融加速器机制的核心就是外部融资溢价，通过外生冲击引致企业净值的变化最终导致经济社会的整体投资规模出现波动。Christiano，Motto 和 Rostagno（2014）④ 在外部融资溢价的基础上添加了风险冲击的要素，认为企业贷款利率不仅受净值影响还受异质性不确定冲击的影响。不管形式如何，可以看出金融加速器机制的核心就是在金融市场（主要是商业银行系统）的影响下，经济冲击的企业资产负债表作用路径，金融市场放大了经济冲击对企业投资的影响，最终加剧了自身的波动。本书构建的金融加速器机制借鉴了梅冬州和龚六堂的思想，将企业贷款利率表示为净值和无风险利率的函数。

综上所述，本书构建的 NK-DSGE 模型的基本思路为：家庭部门向中间产品厂商提供劳动以获取工资收入，最终产品厂商则依靠中间产品厂商提供的

① Townsend R M. Optimal contracts and competitive markets with costly state verification [J]. Journal of Economic Theory, 1979, 21 (2): 0 - 293.

② Bernanke, B, Gertler, M, Gilchrist, S. The Financial Accelerator in a Quantitative Business Cycle Framework [J]. Working Papers, 1999, 1 (99): 1341 - 1393.

③ Fernάndez-Villaverde, Jesύs. Fiscal Policy in a Model With Financial Frictions [J]. American Economic Review, 2010, 100 (2): 35 - 40.

④ Lawrence J. Christiano, Roberto Motto, Massimo Rostagno. Risk Shocks [J]. American Economic Review, 2014, 104 (1): 27 - 65 (39).

中间产品生产最终产品，并用于居民消费和资本品厂商的生产。商业银行系统吸纳来自家庭部门的储蓄存款，投资地方政府债务并向企业家放贷，企业家利用自身净值和银行信贷购买资本品厂商生产的原始资本，并将之租借给中间产品厂商进行生产，形成生产资本。随后，企业家回收未折旧资本并将之回售给资本品厂商进行资本品再生产，企业家则依托租金收益和未折旧资本的出售向银行偿还债务本息。另一方面，在政府预算约束的条件下，政府主要依托税收和债务资金为购买性支出融资，因此一旦政府购买性支出产生外生冲击，地方政府债务规模势必会出现变化，该变化将通过挤压商业银行的私人信贷传导到私人资本的积累当中，并最终结合公共资本的变化影响宏观经济波动。如图 6 – 1 所示。

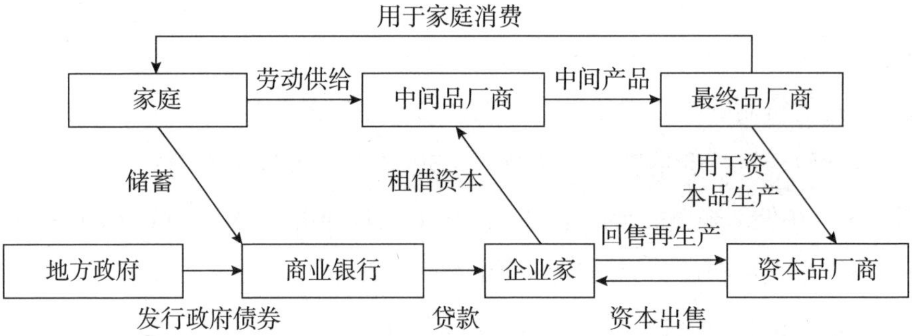

图 6 – 1　模型构建思路图

值得一提的是，NK-DSGE 模型脱胎于新凯恩斯主义经济学，模型中的政府债务往往是指在联邦制财政或者说是一级政府背景下的政府债务概念，而国内学者在利用 NK-DSGE 模型分析地方政府债务问题时，通常采取的做法是将模型中的政府债务概念直接界定为地方政府债务概念，由此即认为模型构建所依赖的政策外生方程中，货币政策方程代表的是央行货币当局的决策行为，而政府决策方程所代表的是地方政府的收支行为，也就是说在本章模型中，地方政府拥有决定支出的决策权，并对地方税收也拥有一定的裁量权。另外，出于 DSGE 模型本身的构成机制，政府购买性支出是外生冲击来源，而地方政府债务是模型的内生变量，内生变量的变化来自于外生冲击，因此本章的传导链条即为地方政府为推动经济增长增加购买性支出时，能直接将影响传导到地方政府债务规模上，而地方政府债务规模的变化将影响商业银行资产负债结构，从而影响私人资本积累，最终私人资本的变化结合公共资本的变化将影响传导到总产出上。

6.3　模型构建

6.3.1　非线性化方程组的构成

（一）家庭部门

根据上文所述，家庭部门消费者是李嘉图等价的消费者，政府支出不影响其消费决定并且消费效用能实现跨期优化。现假定单一消费主体具有无限生命周期，在（0，1）区间内连续分布并且满足同质化假设，借鉴刘一楠和王亮（2018）[①] 等人的研究，假设消费者效用函数由消费、闲暇和实际货币供给组成，具体的函数形式如下：

$$E_0 \sum_{t=0}^{\infty} \beta^t \left[\frac{C_t^{1-Y}}{1-\gamma} - \phi \frac{l_t^{1+\phi}}{1+\phi} + \Psi \log\left(\frac{M_t}{P_t}\right) \right] \tag{6.1}$$

$$s.t.\ P_t C_t + D_t - r_{t-1} D_{t-1} + M_t - M_{t-1} = w_t P_t l_t + \Pi_t - T_t \tag{6.2}$$

其中 C_t 表示消费，l_t 表示劳动力供给，$\frac{M_t}{P_t}$表示实际货币供给，D_t 表示居民储蓄，r_t 表示无风险利率，w_t 表示工资率，Π_t 表示企业给予家庭部门的转移支付（股利红利），T_t 表示政府税收，β 表示贴现因子，γ 表示相对风险规避系数（RRA），φ 表示劳动供给弹性，ϕ 和 Ψ 分别表示劳动供给和实际货币余额对居民消费效用函数的影响系数[②]。式（6.1）表明家庭部门的消费效用由实际消费、劳动供给（闲暇）和实际货币余额构成。式（6.2）表明家庭部门在消费过程中受到预算约束，其中消费者的收入来源于提供劳动所得到的工资报酬、基于企业所有权而得到的股利分红以及来自上期储蓄的本息收

① 刘一楠，王亮．内生的杠杆阈值、金融加速器与宏观经济波动——基于动态随机一般均衡模型（DSGE）的分析［J］．南方经济，2018，351（12）：61－81.

② 变量 r 表示无风险利率，在模型中以总量形式而非净值形式出现，下文中有关利率的变量均做如此设定。

入。而消费者在当期的支出则由当期消费、当期储蓄和向政府缴纳的当期税收组成。

针对式（6.1）、式（6.2）做拉格朗日求解可得：

$$L = E_0 \sum_{t=0}^{\infty} \beta^t \left\{ \frac{C_t^{1-Y}}{1-\gamma} - \phi \frac{l_t^{1+\phi}}{1+\phi} + \Psi \log\left(\frac{M_t}{P_t}\right) + \right.$$

$$\left. \lambda_t (w_t P_t l_t + \Pi_t - T_t + M_{t-1} - M_t + r_{t-1} D_{t-1} - D_t - P_t C_t) \right\}$$

其中 λ_t 既是拉格朗日乘数因子，同时也代表财富的边际效用。分别求解上式对消费 C_t、劳动供给 l_t、名义货币余额 M_t 和居民储蓄 D_t 的一阶导数可得：

$$C_t^{-Y} = \lambda_t P_t \tag{6.3}$$

$$\lambda_t w_t P_t = \phi l_t^{\varphi} \tag{6.4}$$

$$\frac{\Psi}{M_t} = \lambda_t - \beta E_t \lambda_{t+1} \tag{6.5}$$

$$\lambda_t = \beta E_t \lambda_{t+1} r_t \tag{6.6}$$

合并求解式（6.3）~ 式(6.6）可得：

劳动供给方程
$$C_t^{-Y} w_t = \phi l_t^{\varphi} \tag{6.7}$$

Euler 方程
$$C_t^{-Y} = \beta E_t C_{t+1}^{-Y} \frac{r_t}{\pi_{t+1}} \tag{6.8}$$

货币需求方程
$$\frac{\Psi P_t}{M_t} = C_t^{-Y} \frac{r_t - \pi_{t+1}}{r_t} \tag{6.9}$$

其中 $\pi_t = \frac{P_t}{P_{t-1}}$表示通货膨胀率，式（6.7）~ 式(6.9）反映的就是本模型中消费者的最优化行为决策方程。

（二）最终产品厂商

如前文所述，本书按照 Dixit 和 Stigliz（1978）的划分方法，将生产厂商划分为中间产品厂商和最终产品厂商，其中最终产品厂商具有同质性，最终产品市场是完全竞争市场，且最终产品厂商利用差异化的中间产品生产高度同质化的最终产品。假设最终产品厂商的生产按照最经典的 CES 生产函数进行组织。该生产函数如下：

$$Y_t = \left(\int_0^1 y_{j,t}^{\frac{\varepsilon-1}{\varepsilon}} dj\right)^{\frac{\varepsilon}{\varepsilon-1}} \tag{6.10}$$

其中 $\varepsilon > 1$，Y_t 表示最终产品产出，$y_{j,t}$ 表示某中间产品，ε 表示中间产品替代弹性。对于最终产品厂商而言，利益最大化就是在式（6.10）所表示的生产技术下追求利润最大化，最终产品厂商利润最大化可以写为：

$$\underset{y_{j,t}}{Max} P_t Y_t - \int_0^1 P_{j,t} y_{j,t} dj \tag{6.11}$$

$$s.t.\ Y_t = \left(\int_0^1 y_{j,t}^{\frac{\varepsilon-1}{\varepsilon}} dj\right)^{\frac{\varepsilon}{\varepsilon-1}} \tag{6.12}$$

其中 P_t 表示最终产品价格，$P_{j,t}$ 表示中间产品价格，对上式进行拉格朗日求导可得：

$$y_{j,t} = Y_t \left(\frac{P_{j,t}}{P_t}\right)^{-\varepsilon} \tag{6.13}$$

因为最终产品厂商处在完全竞争的市场环境中，所以，最终产品厂商的超额利润为 0。据此可得下式：

$$P_t Y_t = \int_0^1 p_{j,t} y_{j,t} dj \tag{6.14}$$

合并求解式（6.13）与式（6.14）可得最终产品价格与中间产品价格的函数关系：

$$P_t = \left(\int_0^1 p_{j,t}^{1-\varepsilon} dj\right)^{\frac{1}{1-\varepsilon}} \tag{6.15}$$

（三）中间产品厂商

如前文所述，中间产品厂商所处的市场环境是非完全竞争的，一般情况下它们通过从企业家手中租借生产资本，从家庭部门雇佣劳动力来从事生产活动。但是在现实环境下，政府往往能够干预实际经济运行。政府购买性支出能通过形成公共资本等形式影响私人部门的经济活动，因此本书将公共资本也纳入中间产品厂商的生产当中。根据一系列经典 DSGE 模型的建模方法，本书同样将中间产品厂商的生产函数设定为科布—道格拉斯函数。具体形式如下：

$$y_{j,t} = A_t k_{j,t}^{\alpha} l_{j,t}^{1-\alpha} K_t^{\eta} \tag{6.16}$$

其中A_t表示技术进步，$k_{j,t}$表示中间产品生产所租借的私人资本，$K_{j,t}$表示中间产品生产所需的公共资本，α表示私人资本的产出弹性，η表示公共资本的产出弹性。和最终产品厂商一样，中间产品厂商生产的目的也在于获取最大化的利益，其表现为利润最大化（也可以写为成本最小化）据此我们可以写出中间产品厂商的行为方程：

$$\min w_t l_t + R_t k_t \tag{6.17}$$

$$s.t.\ y_{j,t} = A_t k_{j,t}^{\alpha} l_{j,t}^{1-\alpha} K_t^{\eta} \tag{6.18}$$

其中R_t表示为私人资本收益率，对式（6.17）、式（6.18）进行拉格朗日求解可得：

$$L = w_t l_t + R_t k_t - \mu_t (A_t k_{j,t}^{\alpha} l_{j,t}^{1-\alpha} K_t^{\eta}) \tag{6.19}$$

其中μ_t表示拉格朗日乘数因子，对式（6.19）求关于私人资本k_t和劳动力供给l_t的一阶导，可得工资率与资本收益率的函数形式：

$$w_t = \mu_t (1-\alpha) A_t k_t^{\alpha} l_t^{-\alpha} K_t^{\eta} = (1-\alpha)\frac{y_t}{l_t}\mu_t \tag{6.20}$$

$$R_t = \mu_t \alpha A_t k_t^{\alpha-1} l_t^{1-\alpha} K_t^{\eta} = \alpha \frac{y_t}{k_t}\mu_t \tag{6.21}$$

合并求解式（6.20）和式（6.21）可得：

$$\frac{R_t}{w_t} = \frac{\alpha}{1-\alpha}\frac{l_t}{k_t} \tag{6.22}$$

我们假设mc_t为生产中间产品的边际成本，根据包络定理，生产中间产品的边际成本等于拉格朗日乘数因子，合并求解式（6.20）与式（6.21）可得边际成本方程为：

$$mc_t = \mu_t = \frac{w_t^{1-\alpha} R_t^{\alpha}}{A_t K_t^{\eta} (1-\alpha)^{1-\alpha} \alpha^{\alpha}} \tag{6.23}$$

因为中间产品厂商所处的市场环境为非完全竞争市场，所以中间产品厂商有一定的定价话语权。本书根据经典假设，认为中间产品厂商采取的是 Calvo （1983）①

① Calvo G A. Staggered prices in a utility-maximizing framework [J]. Journal of Monetary Economics, 1983, 12 (3): 383-398.

定价策略。该假设认为并不是所有厂商都能灵活调整自己的商品价格以应对市场供求的变化，其中只有（$1-\theta$）部分的中间产品厂商能进行价格调整，而剩余部分的厂商只能选择盯住上期的通货膨胀率来进行生产决策，因此中间产品厂商的最优化行为可以写为：

$$MaxE_t(\beta\theta)^s\lambda_{t+s}\left[\left(\frac{P^*_{t+s}}{P_{t+s}}-mc_{t+s}\right)y_{t+s}\right] \tag{6.24}$$

$$s.t.\ y_{t+s}=\left(\frac{P^*_{t+s}}{P_{t+s}}\right)^{-\varepsilon}Y_{t+s} \tag{6.25}$$

此时中间产品厂商利润最大化的行为决策就在于求解最优产品价格，对上式进行拉格朗日求解，随后对 P^*_{t+s} 进行一阶求导，可得：

$$P^*_{t+s}=\frac{\varepsilon}{\varepsilon-1}\frac{E_t(\beta\theta)^sP^{\varepsilon}_{t+s}mc_{t+s}}{E_t(\beta\theta)^sP^{\varepsilon-1}_{t+s}} \tag{6.26}$$

式（6.26）即为中间产品的最优定价方程，结合中间产品价格与最终产品价格的函数关系即式（6.15）可得价格演化方程为：

$$P_t=[(1-\theta)P_t^{*1-\varepsilon}+\theta(\pi_{t-1}P_{t-1})^{1-\varepsilon}]^{\frac{1}{1-\varepsilon}} \tag{6.27}$$

（四）资本品厂商

如前文所述，本书假设企业所有权和经营权是分离的，认为家庭部门作为私人资本所有者，拥有企业所有权并能够分享企业发展的红利，但是私人资本的投资决策即私人资本的生产函数则由企业负责制订。本书构建的 NK-DSGE 模型中就遵循这样的思路，将资本品厂商的生产决策从家庭部门中分离出来，并将投资调整成本引入其中，因此资本品厂商的生产函数为：

$$k_t=(1-\delta)k_{t-1}+\left[1-\frac{\kappa}{2}\left(1-\frac{I_t}{I_{t-1}}\right)^2\right]I_t \tag{6.28}$$

其中 δ 表示私人资本的折旧系数，I_t 表示 t 期的私人资本投资，κ 表示投资调整成本系数。资本品厂商的目的与中间产品厂商、最终产品厂商一致，都是追求利润最大化，由此，我们可以写出 t 期（当期）资本品厂商利润最大化的决策方程：

$$q_t[k_t-(1-\delta)k_{t-1}]-I_t \tag{6.29}$$

其中 q_t 表示资本品的单位价格，式（6.29）反映的逻辑即为资本品厂商在本书所构建的 NK-DSGE 模型中发挥的作用，资本品厂商通过获取最终产品和从企业家手中回购未折旧资本进行资本品再生产，并将生产出的资本品出售给企业家获得利润。如果将当期资本品厂商的最优化行为方程推广到跨期优化的层面，那么跨期最优化的决策问题就将表示为以下形式：

$$\underset{I_t}{Max}\ E_t \sum_{i=0}^{\infty} \beta^i \Lambda_{t,t+i} \left\{ q_{t+i} \left[1 - \frac{\kappa}{2} \left(1 - \frac{I_{t+i}}{I_{t+i-1}} \right)^2 \right] I_{t+i} - I_{t+i} \right\} \tag{6.30}$$

其中 $\Lambda_{t,t+i} = \dfrac{\lambda_{t+i}}{\lambda_t}$，$\Lambda_{t,t+i}$ 表示随机贴现因子而 λ_t 即为家庭部门最优化行为决策分析中提及的财富边际效用。对式（6.30）求 I_t 的一阶导可得最优资本品价格方程为：

$$1 = q_t \left[1 - \frac{\kappa}{2} \left(1 - \frac{I_t}{I_{t-1}} \right)^2 + \kappa \left(1 - \frac{I_t}{I_{t-1}} \right) \frac{I_t}{I_{t-1}} \right] - \beta E_t \frac{\lambda_{t+1}}{\lambda_t} \left[q_{t+1} \kappa \left(1 - \frac{I_{t+1}}{I_t} \right) \left(\frac{I_{t+1}}{I_t} \right)^2 \right] \tag{6.31}$$

（五）企业家

如前文所述，在本书构建的 NK-DSGE 模型中，企业家利用自有资本和银行信贷购买资本品厂商生产的私人资本，并将私人资本租借给中间产品厂商使之转变为生产资本，生产过程结束后，企业家将回收未折旧资本并将其回售给资本品厂商进行资本品的再生产。

假设企业家在 t 期末拥有的净值为 N_t，获取的银行贷款为 B_t，我们可以得到以下恒等式：

$$q_t k_t = N_t + B_t \tag{6.32}$$

参考林东杰（2019）① 等人的研究，企业净值的累积函数可以写为：

$$N_t = \omega \left[R_t^k q_{t-1} k_{t-1} - \frac{Z_t}{\pi_t} (q_{t-1} k_{t-1} - N_{t-1}) \right] \tag{6.33}$$

其中 ω 表示每一期企业的存活概率，R_t^k 表示私人资本的实际收益率，Z_t 表示商业银行给企业家贷款的贷款利率。式（6.33）表明企业净值的积累遵

① 林东杰，崔小勇，龚六堂．货币政策、消费品和投资品通货膨胀——基于金融加速器视角[J]．金融研究，2019，465（03）：22-40.

循特定的运动规律，即下一期企业净值等于当期留存企业的净利润，企业净资产取决于企业净利润的积累。

如前文所述，企业家在每期期初将从资本品厂商处购买来的私人资本以 R_t 的收益率租借给中间产品厂商进行生产，并且在期末生产资本发生折旧后收回未折旧资本，并将其回售给资本品厂商进行资本品再生产。因此，对于企业家而言，私人资本的实际收益率 R_t^k 由租借利率和转让利得两部分组成，可以写成下列形式：

$$E_t R_t^k = \frac{E_t[R_t + (1-\delta)q_t]}{q_{t-1}} \tag{6.34}$$

根据梅冬州、龚六堂（2011）① 等人的研究，本书设定的金融加速器机制的核心在于假设商业银行的贷款利率 Z_t 能写成企业净值的函数形式。如式（6.35）所示：

$$Z_{t+1} = f\left(\frac{q_t k_t}{N_t}\right) r_t \tag{6.35}$$

进一步的，我们可以假定贷款利率函数的函数形式，同样借鉴梅冬州（2015）② 等人的研究，本书设贷款利率函数的函数形式为 $f(x) = x^{\mu}$。企业家在选择最优私人资本存量时，遵循的原则是资本实际收益率等于贷款的实际利率，根据此原则可以写出：

$$E_t R_{t+1}^k = E_t \frac{Z_{t+1}}{\pi_{t+1}} \tag{6.36}$$

（六）商业银行

本书借鉴 Gerali et. al（2010）③、Giri（2015）④、卜林等（2016）⑤、郝毅

---

① 梅冬州，龚六堂．新兴市场经济国家的汇率制度选择［J］．经济研究，2011（11）：73－88．

② 梅冬州，雷文妮，崔小勇．出口退税的政策效应评估——基于金融加速器模型的研究［J］．金融研究，2015（4）：50－65．

③ Gerali A，Neri S，Sessa L，et al. Credit and Banking in a DSGE Model of the Euro Area［J］. SSRN Electronic Journal，2010.

④ Giri F. Does interbank market matter for business cycle fluctuation? An estimated DSGE model with financial frictions for the Euro area［J］. FinMaP-Working Papers，2015.

⑤ 卜林，郝毅，李政．财政扩张背景下我国货币政策与宏观审慎政策协同研究［J］．南开经济研究，2016（5）：55－73＋88．

和李政（2017）①、梁琪和郝毅（2019）② 的研究思路，基于我国商业银行强大的议价能力和垄断竞争的市场定位，可以写出如下最优化行为决策方程：

$$\underset{R_t^b(j),Z_t(j)}{Max} E_0 \sum_{t=0}^{\infty} \beta^t \lambda_t \Gamma_t \tag{6.37}$$

$$\Gamma_t = R_t^b(j) b_t(j) + Z_t(j) B_t(j) - D_t(j) r_t(j) - \Omega_t(j) \tag{6.38}$$

式（6.38）反映的逻辑是从资金供给方即商业银行的角度思考贷款利率和投资政府债券收益率的问题。商业银行进行行为决策的根本目的也在于实现跨期利益的最优化，变量 Γ_t 所代表的等式即为商业银行当期的经营利润，表明商业银行的当期利润 = 投资（持有、承销等）地方政府债券的收益 + 对私人资本（企业家）的贷款收益 - 需要支付的存款本息以及商业银行针对所放信贷的管理成本 Ω_t。贷款管理成本 Ω_t 可具体写为：

$$\Omega_t(j) = \frac{\xi}{2}\left(\frac{Z_t(j)}{Z_{t-1}(j)} - 1\right)^2 Z_t B_t + \frac{\zeta}{2}\left(\frac{R_t^b(j)}{R_{t-1}^b(j)} - 1\right)^2 R_t^b b_t \tag{6.39}$$

其中 R_t^b 表示政府债券收益率，b_t 表示地方政府债务规模，ξ 和 ζ 分别表示私人信贷和地方政府债务对商业银行信贷管理成本的影响系数。商业银行追求利润最大化的行为中要遵循下列约束条件：

$$s.t. D_t = b_t + B_t$$

$$B_t(j) = \left(\frac{Z_t(j)}{Z_t}\right)^{\zeta} B_t$$

$$b_t(j) = \left(\frac{R_t^b(j)}{R_t^b}\right)^{\tau} b_t \tag{6.40}$$

其中 ζ 和 τ 分别表示商业银行对私人部门信贷的利率敏感系数和地方政府债务对收益率变化的敏感系数。在上述约束条件下对商业银行追求利润最大化的行为进行最优化决策可得：

$$1 - \zeta + \zeta \frac{r_t}{Z_t} - \xi\left(\frac{Z_t}{Z_{t-1}} - 1\right)\frac{Z_t}{Z_{t-1}} + \beta E_t\left[\frac{\lambda_{t+1}}{\lambda_t}\xi\left(\frac{Z_{t+1}}{Z_t} - 1\right)\left(\frac{Z_{t+1}}{Z_t}\right)^2 \frac{B_{t+1}}{B_t}\right] = 0 \tag{6.41}$$

---

① 郝毅，李政．土地财政、地方政府债务与宏观经济波动研究——以地方政府投融资平台为例［J］. 当代经济科学，2017，39（1）：1 - 12 + 124.

② 梁琪，郝毅．地方政府债务置换与宏观经济风险缓释研究［J］. 经济研究，2019，54（4）：18 - 32.

$$1-\tau+\tau\frac{r_t}{R_t^b}-\zeta\left(\frac{R_t^b}{R_{t-1}^b}-1\right)\frac{R_t^b}{R_{t-1}^b}+\beta E_t\left[\frac{\lambda_{t+1}}{\lambda_t}\zeta\left(\frac{R_{t+1}^b}{R_t^b}-1\right)\left(\frac{R_{t+1}^b}{R_t^b}\right)^2\frac{b_{t+1}}{b_t}\right]=0 \tag{6.42}$$

式（6.41）和式（6.42）即为站在资金供给方——商业银行的角度，在追求自身利润最大化的情况下所寻求的最优贷款利率和最优政府债券投资回报率方程。

（七）政府

首先我们假定公共资本的积累函数与私人资本的积累有相似的形式，即当期公共资本等于上期未折旧资本 + 当期追加的政府购买性支出。具体形式为：

$$K_t=(1-\delta_G)K_{t-1}+G_t \tag{6.43}$$

值得一提的是，理论上当期公共资本应等于上期未折旧资本 + 当期追加的政府资本性支出。一方面由于购买性支出包含了资本性支出，另一方面出于政府资本性支出的参数校准存在数据可获得性困难，因此本书的 NK-DSGE 模型以购买性支出作为外生冲击。

其次，政府存在预算约束，政府收入由税收和当期举债筹集，用于购买性支出和偿还上期债务本息。具体形式如下：

$$G_t+b_{t-1}\frac{R_{t-1}^b}{\pi_t}=T_t+b_t \tag{6.44}$$

政府除了举借债务外还承担着制定财政政策和货币政策的重要任务。这在本书的模型构建中体现为地方政府财政收支决策、央行货币政策（无风险利率）的决定方程均为外生方程。具体形式如下：

$$G_t=G_{t-1}^{\rho_G}\left(\frac{b_{t-1}}{Y_{t-1}}\right)^{-(1-\rho_G)\upsilon_G}\exp(eG) \tag{6.45}$$

其中 ρ_G 和 υ_G 分别表示上期政府支出和债务规模对本期政府支出的弹性系数。eG 表示式（6.45）这一外生方程的随机扰动项，$eG\sim N(0,\ \sigma_G^2)$，服从标准差为 σ_G 的正态分布。式（6.45）表明政府购买性支出的决定原则，即地方政府将根据上期债务规模和产出情况决定本期支出规模。

同理，税收和无风险利率的决定规则如下：

$$T_t = T_{t-1}^{\rho_T}\left(\frac{b_{t-1}}{Y_{t-1}}\right)^{(1-\rho_T)v_T}\exp(eT) \tag{6.46}$$

$$\frac{r_t}{\bar{r}} = \left(\frac{r_{t-1}}{\bar{r}}\right)^{\rho_r}\left[\left(\frac{\pi_t}{\bar{\pi}}\right)^{\rho_\pi}\left(\frac{Y_t}{\bar{Y}}\right)^{\rho_Y}\left(\frac{v_t}{\bar{v}}\right)^{\rho_v}\right]^{1-\rho_r}\exp(\mathrm{er}) \tag{6.47}$$

ρ_T 和 v_T 分别表示上期税收和债务规模对本期税收的弹性系数，eT 表示随机扰动项，服从标准差为 σ_T 的正态分布，即 $eT \sim N(0, \sigma_T^2)$。v_t 表示货币增速，即 $v_t = \frac{M_t}{M_{t-1}}$。$\bar{r}$、$\bar{\pi}$、$\bar{Y}$、$\bar{v}$ 分别表示无风险利率、通胀率、产出和货币增速的稳态值，ρ_r、ρ_π、ρ_Y、ρ_v 分别代表上期无风险利率、通胀缺口、产出缺口、货币增速对当期无风险利率的敏感系数。

（八）市场均衡条件

市场实现一般均衡的条件是总供给和总需求相等，即：

$$Y_t = C_t + I_t + G_t \tag{6.48}$$

等式右边为总需求，等式左边为总供给，而总供给还等于最终产品厂商的总产出，由于本书假设所有的经济主体都是同质的，因此我们将式（6.16）去掉下标 j 后，该生产函数可以作为总产出的生产函数，即：

$$Y_t = A_t k_t^{\alpha} l_t^{1-\alpha} K_t^{\eta} \tag{6.49}$$

其中 A_t 表示技术进步，同样是本书所构建模型的一大外生冲击来源，因此 A_t 也可以写成外生方程的形式，即：

$$\log A_t = \rho_A \log A_{t-1} + (1-\rho_A)\log \bar{A} + eA \tag{6.50}$$

其中 $eA \sim N(0, \sigma_A^2)$，式（6.50）沿用了经典 NK-DSGE 模型的设定，认为外生变量 A_t 服从一阶自回归。

由上述各经济主体的行为可知，各经济主体都是在资源约束的条件下实现各自利益最大化的行为决策，由此得到的各行为方程组成的系统就是非对数线性化的经济系统动态平衡方程组。该方程组由下列 24 个方程组成：

$$C_t^{-Y} w_t = \phi l_t^{\varphi} \tag{6.51}$$

$$C_t^{-Y} = \beta E_t C_{t+1}^{-Y} \frac{r_t}{\pi_{t+1}} \tag{6.52}$$

$$\frac{\Psi P_t}{M_t} = C_t^{-Y} \frac{r_t - \pi_{t+1}}{r_t} \tag{6.53}$$

$$\frac{R_t}{w_t} = \frac{\alpha}{1 - \alpha} \frac{l_t}{k_t} \tag{6.54}$$

$$mc_t = \mu_t = \frac{w_t^{1-\alpha} R_t^{\alpha}}{A_t K_t^{\eta} (1 - \alpha)^{1-\alpha} \alpha^{\alpha}} \tag{6.55}$$

$$P_{t+s}^{*} = \frac{\varepsilon}{\varepsilon - 1} \frac{E_t (\beta\theta)^s P_{t+s}^{\varepsilon} mc_{t+s}}{E_t (\beta\theta)^s P_{t+s}^{\varepsilon - 1}} \tag{6.56}$$

$$P_t = \left[(1 - \theta) P_t^{*^{1-\varepsilon}} + \theta (\pi_{t-1} P_{t-1})^{1-\varepsilon} \right]^{\frac{1}{1-\varepsilon}} \tag{6.57}$$

$$k_t = (1 - \delta) k_{t-1} + \left[1 - \frac{\kappa}{2} \left(1 - \frac{I_t}{I_{t-1}} \right)^2 \right] I_t \tag{6.58}$$

$$1 = q_t \left[1 - \frac{\kappa}{2} \left(1 - \frac{I_t}{I_{t-1}} \right)^2 + \kappa \left(1 - \frac{I_t}{I_{t-1}} \right) \frac{I_t}{I_{t-1}} \right] - \beta E_t \frac{\lambda_{t+1}}{\lambda_t} \left[q_{t+1} \kappa \left(1 - \frac{I_{t+1}}{I_t} \right) \left(\frac{I_{t+1}}{I_t} \right)^2 \right] \tag{6.59}$$

$$q_t k_t = N_t + B_t \tag{6.60}$$

$$N_t = \omega \left[R_t^k q_{t-1} k_{t-1} - \frac{Z_t}{\pi_t} (q_{t-1} k_{t-1} - N_{t-1}) \right] \tag{6.61}$$

$$E_t R_t^k = \frac{E_t [R_t + (1 - \delta) q_t]}{q_{t-1}} \tag{6.62}$$

$$E_t R_{t+1}^k = E_t \frac{Z_{t+1}}{\pi_{t+1}} \quad Z_{t+1} = f\left(\frac{q_t k_t}{N_t} \right) r_t \tag{6.63}$$

$$D_t = b_t + B_t \tag{6.64}$$

$$1 - \zeta + \zeta \frac{r_t}{Z_t} - \xi \left(\frac{Z_t}{Z_{t-1}} - 1 \right) \frac{Z_t}{Z_{t-1}} + \beta E_t \left[\frac{\lambda_{t+1}}{\lambda_t} \xi \left(\frac{Z_{t+1}}{Z_t} - 1 \right) \left(\frac{Z_{t+1}}{Z_t} \right)^2 \frac{B_{t+1}}{B_t} \right] = 0 \tag{6.65}$$

$$1 - \tau + \tau \frac{r_t}{R_t^b} - \zeta \left(\frac{R_t^b}{R_{t-1}^b} - 1 \right) \frac{R_t^b}{R_{t-1}^b} + \beta E_t \left[\frac{\lambda_{t+1}}{\lambda_t} \zeta \left(\frac{R_{t+1}^b}{R_t^b} - 1 \right) \left(\frac{R_{t+1}^b}{R_t^b} \right)^2 \frac{b_{t+1}}{b_t} \right] = 0 \tag{6.66}$$

$$K_t = (1 - \delta_G) K_{t-1} + G_t \tag{6.67}$$

$$Y_t = A_t k_t^{\alpha} l_t^{1-\alpha} K_t^{\eta} \tag{6.68}$$

$$\log A_t = \rho_A \log A_{t-1} + (1-\rho_A)\log \overline{A} + eA \tag{6.69}$$

$$G_t + b_{t-1}\frac{R_{t-1}^b}{\pi_t} = T_t + b_t \tag{6.70}$$

$$G_t = G_{t-1}^{\rho_G}\left(\frac{b_{t-1}}{Y_{t-1}}\right)^{-(1-\rho_G)v_G}\exp(eG) \tag{6.71}$$

$$T_t = T_{t-1}^{\rho_T}\left(\frac{b_{t-1}}{Y_{t-1}}\right)^{(1-\rho_T)v_T}\exp(eT) \tag{6.72}$$

$$\frac{r_t}{\bar{r}} = \left(\frac{r_{t-1}}{\bar{r}}\right)^{\rho_r}\left[\left(\frac{\pi_t}{\bar{\pi}}\right)^{\rho_\pi}\left(\frac{Y_t}{\bar{Y}}\right)^{\rho_Y}\left(\frac{v_t}{\bar{v}}\right)^{\rho_v}\right]^{1-\rho_r}\exp(er) \tag{6.73}$$

$$Y_t = C_t + I_t + G_t \tag{6.74}$$

6.3.2 对数线性化方程组

上述非线性化方程组的构成代表着 NK-DSGE 模型的机制构建已经大体完成，接下来的工作是模型的求解，模型求解一般有两种方法，一种是先对非线性化动态系统方程组进行对数线性化处理；一种是将非线性化方程组输入平台软件，然后利用代码的编写进行稳态求解。本书借鉴 Blanchard et al (1980)①，Uhlig (1995)② 等人的研究思路，将使用对数线性化的方法对本书构建的 NK-DSGE 模型求解。本书在进行对数线性化时需要用到如下稳态关系：

$$\bar{\pi} = 1 \quad \bar{r} = \frac{1}{\beta} \quad \bar{q} = 1 \tag{Ⅰ}$$

$$\overline{R} + (1-\delta) = \overline{R^k} \tag{Ⅱ}$$

$$\overline{R^b} = \frac{\tau}{\tau-1}\bar{r} = \frac{\tau}{\tau-1}\frac{1}{\beta} \tag{Ⅲ}$$

$$\overline{R^k} = \overline{Z} = \left(\frac{\bar{k}}{\bar{N}}\right)^{\mu}\frac{1}{\beta} \tag{Ⅳ}$$

① Olivier, Jean, Blanchard, et al. The Solution of Linear Difference Models under Rational Expectations [J]. Econometrica, 1980.

② Uhlig H. A toolkit for analyzing nonlinear dynamic stochastic models easily [J]. Discussion Paper, 1995, 1995-97: 30-62.

$$\zeta = \frac{\left(\frac{\bar{k}}{\bar{N}}\right)^{\mu}}{\left[\left(\frac{\bar{k}}{\bar{N}}\right)^{\mu} - 1\right]} \tag{V}$$

将式（Ⅰ）~ 式（Ⅴ）代入到式（6.51）~ 式(6.74）组成的非线性化动态均衡方程组中即可顺利进行对数线性化，所得结果如下所示：

由式（6.51）对数线性化可得：

$$-\gamma\hat{C}_t + \hat{w}_t = \varphi\hat{l}_t \tag{6.75}$$

由式（6.52）对数线性化可得：

$$-\gamma\hat{C}_t = -\gamma\hat{C}_{t+1} + \hat{r}_t - \hat{\pi}_{t+1} \tag{6.76}$$

由式（6.53）对数线性化可得：

$$\hat{\pi}_t - \hat{v}_t = \gamma(\hat{C}_{t-1} - \hat{C}_t) + \frac{1}{\frac{1}{\beta} - 1}(\hat{r}_t - \hat{r}_{t-1}) + \frac{1}{\frac{1}{\beta} - 1}(\hat{\pi}_t - \hat{\pi}_{t+1}) \tag{6.77}$$

由式（6.54）对数线性化可得：

$$\hat{R}_t - \hat{w}_t = \hat{l}_t - \hat{k}_t \tag{6.78}$$

由式（6.55）对数线性化可得：

$$mc_t = (1-\alpha)\hat{w}_t + \alpha\hat{R}_t - \hat{A}_t - \eta\hat{K}_t \tag{6.79}$$

由式（6.56）和式（6.57）联合对数线性化可得新凯恩斯主义的菲利普斯曲线：

$$\hat{\pi}_t = \beta\hat{\pi}_{t+1} + \frac{(1-\theta)(1-\beta\theta)}{\theta}\hat{mc}_t \tag{6.80}$$

由式（6.58）对数线性化可得：

$$\hat{k}_t = (1-\delta)\hat{k}_{t-1} + \delta\hat{I}_t \tag{6.81}$$

由式（6.59）对数线性化可得：

$$\hat{I}_t = \frac{1}{1+\beta}\hat{I}_{t-1} + \frac{\beta}{1+\beta}\hat{I}_{t+1} + \frac{1}{\kappa(1+\beta)}\hat{q}_t \tag{6.82}$$

由式（6.60）对数线性化可得：

$$\hat{q}_t + \hat{k}_t = \frac{\bar{N}}{\bar{k}}\hat{N}_t + \frac{\bar{B}}{k}\hat{B}_t \tag{6.83}$$

由式（6.61）对数线性化可得：

$$\hat{N}_t = \omega \frac{\bar{k}^{\mu+1}}{\bar{N}} \frac{1}{\beta}(\hat{R}_t^k - \hat{Z}_t) + \omega \frac{\bar{k}}{\bar{N}} \frac{1}{\beta}(\hat{Z}_t + \hat{N}_{t-1} - \hat{\pi}_t) \tag{6.84}$$

由式（6.62）对数线性化可得：

$$\frac{\bar{R}}{\overline{R^k}}\hat{R}_t + \frac{1-\delta}{\overline{R^k}}\hat{q}_t - \hat{q}_{t-1} = \hat{R}_t^k \tag{6.85}$$

由式（6.63）对数线性化可得：

$$\hat{R}_{t+1}^k = \mu\hat{q}_t + \mu(\hat{k}_t - \hat{N}_t) + \hat{r}_t - \hat{\pi}_{t+1} \tag{6.86}$$

由式（6.64）对数线性化可得：

$$\hat{D}_t = \frac{\bar{B}}{\bar{D}}\hat{B}_t + \left(1 - \frac{\bar{B}}{\bar{D}}\right)\hat{b}_t \tag{6.87}$$

由式（6.65）对数线性化可得：

$$\hat{Z}_t = \frac{\xi}{\zeta - 1 + (1-\beta)\xi}\hat{Z}_{t-1} + \frac{\beta\xi}{\zeta - 1 + (1+\beta)\xi}E_t\hat{Z}_{t+1} + \frac{\zeta - 1}{\zeta - 1 + (1+\beta)\xi}\hat{r}_t \tag{6.88}$$

由式（6.66）对数线性化可得：

$$\hat{R}_t^b = \frac{\zeta}{\tau - 1 + (1+\beta)\zeta}\hat{R}_{t-1}^b + \frac{\beta\zeta}{\tau - 1 + (1+\beta)\zeta}E_t\hat{R}_{t+1}^b + \frac{\tau - 1}{\tau - 1 + (1+\beta)\zeta}\hat{r}_t \tag{6.89}$$

由式（6.67）对数线性化可得：

$$\hat{K}_t = (1 - \delta_G)\hat{K}_{t-1} + \delta_G\hat{G}_t \tag{6.90}$$

由式（6.68）对数线性化可得：

$$\hat{Y}_t = \hat{A}_t + \alpha\hat{k}_t + (1-\alpha)\hat{l}_t + \eta\hat{K}_t \tag{6.91}$$

由式（6.69）对数线性化可得：

$$\hat{A}_t = \rho_A\hat{A}_{t-1} + eA \tag{6.92}$$

由式（6.70）对数线性化可得：

$$\frac{\bar{G}}{\bar{Y}}\hat{G}_t + (\hat{b}_{t-1} + \hat{R}_{t-1}^b - \hat{\pi}_t)\frac{\bar{b}}{\bar{Y}}\overline{R^b} = \hat{T}_t\frac{\bar{T}}{\bar{Y}} + \hat{b}_t\frac{\bar{b}}{\bar{Y}} \tag{6.93}$$

由式（6.71）对数线性化可得：

$$\hat{G}_t = \rho_G \hat{G}_{t-1} - (1-\rho_G)\upsilon_G(\hat{b}_{t-1} - \hat{Y}_{t-1}) + eG \tag{6.94}$$

由式（6.72）对数线性化可得：

$$\hat{T}_t = \rho_T \hat{T}_{t-1} + (1-\rho_T)\upsilon_T(\hat{b}_{t-1} - \hat{Y}_{t-1}) + eT \tag{6.95}$$

由式（6.73）对数线性化可得：

$$\hat{r}_t = \rho_r \hat{r}_{t-1} + (1-\rho_r)(\rho_\pi \hat{\pi}_t + \rho_Y \hat{Y}_t + \rho_\upsilon \hat{\upsilon}_t) + er \tag{6.96}$$

由式（6.74）对数线性化可得：

$$\hat{Y}_t = \frac{\bar{C}}{\bar{Y}}\hat{C}_t + \frac{\bar{I}}{\bar{Y}}\hat{I}_t + \frac{\bar{G}}{\bar{Y}}\hat{G}_t \tag{6.97}$$

经过对数线性化之后，NK-DSGE 模型的非线性化动态均衡方程组即可转变为内生变量系统的动态均衡条件。本书所构建模型的动态均衡条件由式(6.75)~式(6.97) 共 23 个方程组成，该方程组共有包括 C_t、l_t、r_t、π_t、w_t、k_t、b_t、q_t、$A_t mc_t$、R_t、I_t、Y_t、G_t、T_t、D_t、B_t、N_t、υ_t、Z_t、R_t^k、R_t^b、K_t 在内的 23 个内生变量，显而易见方程组个数等于未知数个数即满足 B - K 条件，因此本书构建的经济系统有解，将对数线性化后的方程组代入 Matlab 等软件平台即可求解。

6.4　参数的校准、估计和稳健性检验

NK-DSGE 模型的构建在完成微观经济主体最优化行为分析、总量分析、机制构建和对数线性化等步骤之后，即可输入软件平台进行求解和分析。但在此之前通过仔细分析动态系统方程组可以发现，NK-DSGE 模型能否最终求解的关键在于模型参数的赋值。NK-DSGE 模型一般包含三类参数。其一是标准结构化参数，也可以称为状态参数，一般是指内生变量系统中能够反映经济主体行为和状态的参数，诸如相对风险规避系数 γ 和私人资本折旧系数 δ 就是典型的状态参数，这类参数的赋值一般通过校准获得。其二是相关经济变量的稳态比，诸如$\frac{\bar{k}}{\bar{N}}$和$\frac{\bar{C}}{\bar{Y}}$。该类型参数可以通过实际数据的均值之比获得。其三是外生冲击方程的冲击参数，诸如货币政策方程和财政政策方程的系数以及残差项标准差就是典型的冲击参数，该类型参数的赋值一般通过贝叶斯

估计（或广义 GMM 估计）实现。

6.4.1 标准结构化参数校准

有关贴现因子 β 的赋值，根据前文可知，$\bar{r}=\frac{1}{\beta}$，即无风险利率稳态值与贴现因子间存在一定的数量关系。王国静和田国强（2014）[①] 以一年期贷款基准利率为无风险利率，通过测算得到样本期内的季度无风险利率均值约为 1.24%（即年利率约为 5%），由此测算出主观贴现因子 β 约为 0.988。借鉴国内诸多学者如庄子罐（2012）[②] 等人的研究，本书将主观贴现因子 β 校准为 0.99。

有关相对风险规避系数 γ 的赋值，国内外学术界差异较大。DSGE 模型的研究先驱 Kydland 和 Prescott（1982）[③] 认为该参数的赋值应在（1，2）区间，而国内学者陈学彬（2005）[④] 通过线性回归估计 γ 的取值接近 0.77，诸如吴智华（2016）[⑤] 等学者通过贝叶斯估计认为 $\gamma=1.8$。本书则通过校准的方法取得该参数，借鉴郭长林（2016）[⑥] 等人的研究，本书将 γ 校准为 1.5。

有关劳动供给弹性 φ 的赋值，参数 φ 事实上是 Frisch 劳动供给弹性的倒数，反映的是劳动供给对工资变动的敏感程度。该参数的赋值同样“众说纷纭”，但大体取值范围在（0.5，6）之间。王君斌等（2011）[⑦] 认为 φ 的取值为 6.16，裘翔和周强龙（2014）[⑧] 的研究将 φ 校准为 0.524，高然和龚六堂

---

① 王国静，田国强．金融冲击和中国经济波动［J］．经济研究，2014（3）：20－34.

② 庄子罐，崔小勇，龚六堂，邹恒甫．预期与经济波动——预期冲击是驱动中国经济波动的主要力量吗？［J］．经济研究，2012，47（6）：46－59.

③ F. E. Kydland，E. C. Prescott.（1982）. Time to Build and Aggregate Fluctuations［J］. Econometrica，50（6）：1345－1370.

④ 陈学彬，杨凌，方松．货币政策效应的微观基础研究——我国居民消费储蓄行为的实证分析［J］．复旦学报（社会科学版），2005，（1）：44－56.

⑤ 吴智华，杨秀云．“土地财政”与中国房地产市场波动——基于两部门 NK-DSGE 模型的研究［J］．中南财经政法大学学报，2016（5）：30－41＋53＋158－159.

⑥ 郭长林．被遗忘的总供给：财政政策扩张一定会导致通货膨胀吗？［J］．经济研究，2016（2）：30－41.

⑦ 王君斌，郭新强，蔡建波．扩张性货币政策下的产出超调、消费抑制和通货膨胀惯性［J］．管理世界，2011（3）：15－29.

⑧ 裘翔，周强龙．影子银行与货币政策传导［J］．经济研究，2014，49（5）：91－105.

(2017)[①] 则通过贝叶斯估计将 φ 赋值为0.74。本书基于仝冰（2017）[②] 的研究，同时出于模型稳定性和常见赋值取值范围的考虑，将 φ 校准为1.3。

有关私人资本折旧系数 δ 和公共资本折旧系数 δ_G 的赋值，本书借鉴众多国内学者的研究（张军，2004[③]；陈昆亭和龚六堂，2006[④]；金戈，2012[⑤] 等），将公共资本和私人资本的使用年限设为10年，即折旧率设为年均10%，意味着季度资本折旧率为2.5%。所以本书将参数 δ 和 δ_G 的值均校准为0.025。

有关投资调整成本系数 κ 的赋值，由于参数 κ 的取值对NK-DSGE模型的动态分析能力影响不大，因此该参数的赋值呈现出多样性的特点。有国外学者Christiano et al（2005）[⑥] 和国内学者许志伟、王文甫（2018）[⑦] 通过校准确定该参数值为3.5，当然也有学者如张佐敏（2014）[⑧] 通过贝叶斯估计的方法取值。本书借鉴张佐敏（2014）的研究，将参数 κ 校准为2.395。

有关私人资本产出弹性 α 和公共资本产出弹性 η 的赋值，本书参考黄赜琳（2005）[⑨] 和王胜华（2018）[⑩] 的研究。对私人资本产出弹性的赋值，上述两位学者均使用实际数据对具有C－D函数形式的计量方程进行线性回归，并依据计量结果对参数进行估计。最后本书借鉴王胜华（2018）的研究，将参数 α 和 η 分别校准为0.418和0.145。

有关不能调整价格的中间产品厂商的比例 θ，参数 θ 的确定既可以通过已

① 高然，龚六堂．土地财政、房地产需求冲击与经济波动［J］．金融研究，2017（4）：36－49.

② 仝冰．混频数据、投资冲击与中国宏观经济波动［J］．经济研究，2017（6）：62－78.

③ 张军，吴桂英，张吉鹏．中国省际物质资本存量估算：1952—2000［J］．经济研究，2004（10）：35－44.

④ 陈昆亭，龚六堂．粘滞价格模型以及对中国经济的数值模拟——对基本RBC模型的改进［J］．数量经济技术经济研究，2006（8）：106－117.

⑤ 金戈．中国基础设施资本存量估算［J］．经济研究，2012，（4）：5－15＋101.

⑥ Lawrence J. Christiano, Martin Eichenbaum, Charles L. Evans. Nominal Rigidities and the Dynamic Effects of a Shock to Monetary Policy［J］. Journal of Political Economy, 2005, 113（1）：1－45.

⑦ 许志伟，王文甫．经济政策不确定性对宏观经济的影响——基于实证与理论的动态分析［J］．经济学（季刊），2018，Vol. 18（1）：23－50.

⑧ 张佐敏．中国存在财政规则吗？［J］．管理世界，2014，（5）：29－41＋193.

⑨ 黄赜琳．中国经济周期特征与财政政策效应—— 一个基于三部门RBC模型的实证分析［J］．经济研究，2005（6）：27－39.

⑩ 王胜华．政府支出经济增长效应区域异质性研究［D］．中国财政科学研究院，2018.

有研究校准，也可以使用贝叶斯估计和GMM估计获取。本书的赋值采用最广泛流行的参数校准的方法，并借鉴王文甫（2010）① 和梅冬州（2018）② 的研究将参数 θ 校准为0.75。

有关企业生存概率 ω 的赋值与参数 θ 类似，一般采用参数校准的方法。熊琛和金昊（2018）③ 将 ω 校准为0.96，林东杰（2019）④ 将之校准为0.985，本书则借鉴刘晓光、张杰平（2016）⑤ 和刘一楠、王亮（2018）⑥ 的研究，将参数 ω 校准为0.975。

有关私人信贷对商业银行信贷管理成本的影响系数 ξ，地方政府债务对商业银行信贷管理成本的影响系数 ζ，地方政府债务对收益率变化的敏感系数 τ 的校准，本书借鉴 Gerali et. al（2010）⑦、Giri（2015）⑧、卜林等（2016）⑨、郝毅和李政（2017）⑩、高然和龚六堂（2017）⑪、梁琪和郝毅（2019）⑫ 等人的研究，最终将参数 ζ 校准为6，参数 ξ 校准为8，参数 τ 校准为12。而商业

① 王文甫. 价格粘性、流动性约束与中国财政政策的宏观效应——动态新凯恩斯主义视角［J］. 管理世界，2010（9）：21－35＋197.

② 梅冬州，崔小勇，吴娱. 房价变动、土地财政与中国经济波动［J］. 经济研究，2018，53（1）：35－49.

③ 熊琛，金昊. 地方政府债务风险与金融部门风险的“双螺旋”结构——基于非线性DSGE模型的分析［J］. 中国工业经济，2018，369（12）：25－43.

④ 林东杰，崔小勇，龚六堂. 货币政策、消费品和投资品通货膨胀——基于金融加速器视角［J］. 金融研究，2019，465（3）：22－40.

⑤ 刘晓光，张杰平. 中国杠杆率悖论——兼论货币政策“稳增长”和“降杠杆”真的两难吗［J］. 财贸经济，2016（8）：5－19.

⑥ 刘一楠，王亮. 内生的杠杆阈值、金融加速器与宏观经济波动——基于动态随机一般均衡模型（DSGE）的分析［J］. 南方经济，2018，351（12）：61－81.

⑦ Gerali A，Neri S，Sessa L，et al. Credit and Banking in a DSGE Model of the Euro Area［J］. SSRN Electronic Journal，2010.

⑧ Giri F. Does interbank market matter for business cycle fluctuation? An estimated DSGE model with financial frictions for the Euro area［J］. FinMaP-Working Papers，2015.

⑨ 卜林，郝毅，李政. 财政扩张背景下我国货币政策与宏观审慎政策协同研究［J］. 南开经济研究，2016（5）：55－73＋88.

⑩ 郝毅，李政. 土地财政、地方政府债务与宏观经济波动研究——以地方政府投融资平台为例［J］. 当代经济科学，2017，39（1）：1－12＋124.

⑪ 高然，龚六堂. 土地财政、房地产需求冲击与经济波动［J］. 金融研究，2017（4）：36－49.

⑫ 梁琪，郝毅. 地方政府债务置换与宏观经济风险缓释研究［J］. 经济研究，2019，54（4）：18－32.

银行对私人部门信贷的利率敏感系数 ζ 的校准，需要依托公式 $\zeta = \dfrac{\left(\frac{\bar{k}}{\bar{N}}\right)^{\mu}}{\left[\left(\frac{\bar{k}}{\bar{N}}\right)^{\mu} - 1\right]}$，随着参数 μ 和 $\frac{\bar{k}}{\bar{N}}$ 的确定，参数 ζ 也能随之确定，这在 Dynare 平台里能自行代入模型计算，因此本文也不对参数 ζ 做具体测算。

有关金融加速器效应参数 μ 的校准，本章构建 NK-DSGE 模型的目的在于通过商业银行体系和金融加速器机制的引入，模拟我国地方政府债务的承销和交易大量通过商业银行体系以及银行间市场进行的经济现实，并在此经济现实的基础上模拟由政府购买性支出引发的地方政府债务冲击对资本积累和经济增长的影响。金融加速器机制本质上通过金融摩擦因素实现，即外生冲击对企业净值以及外源融资成本产生影响，并最终将影响传导到企业投资和宏观经济运行上，形成相互强化的作用机制。而参数 μ 能用来反映金融加速器机制的强弱以及由此带来的地方政府债务非线性效应的大小。本书参考梅冬州（2015）[①] 的研究，取 μ 的取值校准为 0.2。

表 6－1　状态参数校准值

参数	名称	校准值
γ	相对风险规避系数	1.5
α	私人资本产出弹性	0.418
β	贴现因子	0.99
δ	私人资本折旧系数	0.025
δ_G	公共资本折旧系数	0.025
κ	投资调整成本系数	2.395
ω	企业存活概率	0.975
θ	不能灵活调整价格的厂商比例	0.75
ξ	私人信贷对商业银行信贷管理成本的影响系数	8

① 梅冬州，雷文妮，崔小勇．出口退税的政策效应评估——基于金融加速器模型的研究［J］．金融研究，2015（4）：50－65.

续表

参数	名称	校准值
ζ	地方政府债务对商业银行信贷管理成本的影响系数	6
τ	地方政府债务对收益率变化的敏感系数	12
η	公共资本产出弹性	0.145
μ	金融加速器系数	0.2

有关第二类参数，相关经济变量稳态比的赋值，本书选取实际经济数据进行测算。有关$\frac{\bar{G}}{\bar{Y}}$和$\frac{\bar{T}}{\bar{Y}}$的数值测算，本书选取2010～2018年的季度GDP数据和季度全国30个省份的税收加总数据（西藏除外，季度数据依靠年度数据插值获得，下同），值得一提的是，由于本书将贴现因子β校准为0.99，所以在NK-DSGE模型的构建中，所需要用于测算稳态值和贝叶斯估计的实际数据频率以季度数据为最优①。另外，根据陈共教授的统计口径，政府购买性支出包含政府消费性支出和政府投资支出，而政府消费性支出包括行政管理支出、债务利息偿还支出和提供公共服务的支出等项目，政府投资性支出包括基本建设支出、支农生产支出、非生产性支出等项目。政府购买性支出的增加能增加经济社会物质资本积累并提高公共服务水平，有利于地区经济增长。出于数据可获得性的考虑，并且基于一般公共预算支出的范围（既能做公共服务支出、也能做投资支出）与购买性支出的口径高度重合，本书将选择30个省份一般公共预算支出加总，并通过插值处理得到相应的季度数据②。最后本书将参数$\frac{\bar{G}}{\bar{Y}}$和$\frac{\bar{T}}{\bar{Y}}$分别校准为0.178和0.14。

有关$\frac{\bar{C}}{\bar{Y}}$、$\frac{\bar{I}}{\bar{Y}}$和$\frac{\bar{b}}{\bar{Y}}$的测算，本书同样通过采用实际数据的均值之比进行校准。本书选取了2010～2018年季度GDP数据、季度全社会固定资产投资数据、季度社会零售消费数据和季度城投债发行数据进行测算。考虑到地方政

① 李向阳．动态随机一般均衡（DSGE）模型．[M]．清华大学出版社，2018：180－181.

② 数据来源：中经网数据库．

府债券季度数据的可获得性，尤其是地方政府债务负担率的季度数据可获得性，本书在测算这一部分稳态值时，参考钟辉勇、陆铭（2015）[①]，毛锐、刘楠楠、刘蓉（2018）[②] 等人的研究，选取的季度地方政府债务规模借代指标是城投债发行数据[③]。最后本书将参数$\frac{\bar{C}}{\bar{Y}}$、$\frac{\bar{I}}{\bar{Y}}$和$\frac{\bar{b}}{\bar{Y}}$分别校准为 0.408、0.475 和 0.16。

参数$\frac{\bar{k}}{\bar{N}}$代表企业的资本积累与自身净值的比值，即该参数本质上应反映企业的权益乘数。刘一楠和王亮（2018）通过计算我国主板上市公司 2015 年的权益乘数均值为 2，因此本书借鉴刘一楠、王亮（2018）[④] 的研究，将该参数$\frac{\bar{k}}{\bar{N}}$赋值为 2。参数$\frac{\bar{B}}{\bar{D}}$代表商业银行提供的私人部门信贷占所吸纳储蓄的比重，为了方便分析本书将$\frac{\bar{B}}{\bar{D}}$设定为 0.5 的理想状态，即本书假设商业银行的资产负债表中提供给私人部门的信贷和持有的地方政府债务在规模上相等，各占总资产规模的一半。校准部分的所有参数如表 6－2 所示。

表 6－2　参数稳态值

参数	稳态值
$\frac{\bar{G}}{\bar{Y}}$	0.178
$\frac{\bar{T}}{\bar{Y}}$	0.14
$\frac{\bar{b}}{\bar{Y}}$	0.16

① 钟辉勇，陆铭．财政转移支付如何影响了地方政府债务？［J］．金融研究，2015（9）：1－16.

② 毛锐，刘楠楠，刘蓉．地方政府债务扩张与系统性金融风险的触发机制［J］．中国工业经济，2018（4）：19－38.

③ 数据来源：wind 数据库．

④ 刘一楠，王亮．内生的杠杆阈值、金融加速器与宏观经济波动——基于动态随机一般均衡模型（DSGE）的分析［J］．南方经济，2018，351（12）：61－81.

续表

参数	稳态值
$\frac{\bar{C}}{\bar{Y}}$	0.408
$\frac{\bar{I}}{\bar{Y}}$	0.475
$\frac{\bar{k}}{\bar{N}}$	2
$\frac{\bar{B}}{\bar{D}}$	0.5

6.4.2 贝叶斯估计

根据NK-DSGE模型构建的经典步骤，有关外生冲击参数（包含政策规则参数）的赋值一般有极大似然估计和贝叶斯估计两种主流方法。贝叶斯估计的特点是它介于广义矩估计和参数校准方法之间，参数校准的赋值方法本质上是经验假设的赋值方法，它直接为参数指定一个固定的值，相当于是给定了一个对应标准差为0的先验分布；而极大似然估计则是完全依托实际数据估计参数，不需要用到先验分布的假设；贝叶斯估计的参数估计方法介于两者之间，在依托经验假设的先验分布的情况下，运用马尔科夫链—蒙特卡洛方法（MCMC）逼近后验分布，其本质相当于在实际数据的支撑下，通过“纠偏”先验分布的偏误来得到尽可能精准的后验分布，即贝叶斯估计可以在经验假设的前提下，依靠实际数据来定位参数的相对真实值，因此，贝叶斯估计是目前最流行的外生冲击参数估计方法。

一般而言，外生冲击标准差的估计应选择Inverse Gamma分布，估计外生冲击的一阶滞后系数应选择Beta分布，其他系数包括政策敏感性系数在内参数应选择Normal分布①。如前文所述，贝叶斯估计在于根据经验假设先给定参数先验分布，然后依托实际数据对先验分布“纠偏”以获得后验分布，因

① 李向阳．动态随机一般均衡（DSGE）模型．［M］.清华大学出版社，2018：180－181.

此本书借鉴王胜华（2018）①、刘一楠和王亮（2018）②、高然和龚六堂（2018）③、林东杰等（2019）④ 等诸多学者的研究，将本书的冲击持续性参数（Persisitence）和政策反应系数均设定为 Beta 分布，外生冲击标准差参数则设定为 Inverse Gamma 分布。就实际数据的选取而言，模型构建中涉及的外生冲击个数应等于选取实际数据的内生变量个数⑤。本书的外生冲击共有四种，分别为技术进步冲击、政府购买性支出冲击、总量税收冲击和货币政策冲击，因此，可观测实际数据的内生变量个数也应为四个。借鉴前人的经典研究，本书将选择消费 C、投资 I、产出 Y 和货币增速 V 作为可观测数据的内生变量，并分别选取 2010 ~ 2018 年的季度全社会零售消费总额、全社会固定资产投资、国内生产总值（GDP）和广义货币 M2 增速作为贝叶斯估计的"纠偏"数据。最终本书外生参数贝叶斯估计结果如表 6 – 3 所示。

表 6 – 3 外生参数贝叶斯估计结果

参数	参数意涵	先验分布			后验分布	
		分布类型	均值	标准差	均值	90% 置信区间
ρ_A	技术冲击系数	Beta	0.5	0.2	0.1918	0.1896 – 0.1941
σ_A	技术冲击标准差	Inverse Gamma	0.01	2	0.0083	0.0081 – 0.014
ρ_G	政府购买性支出冲击系数	Beta	0.5	0.2	0.7374	0.7365 – 0.7383
σ_G	政府购买性支出冲击标准差	Inverse Gamma	0.01	2	0.0056	0.0047 – 0.0071
υ_G	购买性支出对地方政府债务的反应系数	Beta	0.5	0.2	0.8239	0.8226 – 0.8255
ρ_T	总量税冲击参数	Beta	0.5	0.2	0.4920	0.4874 – 0.4924

① 王胜华. 政府支出经济增长效应区域异质性研究［D］. 中国财政科学研究院，2018.

② 刘一楠，王亮. 内生的杠杆阈值、金融加速器与宏观经济波动——基于动态随机一般均衡模型（DSGE）的分析［J］. 南方经济，2018，351（12）：61 – 81.

③ 高然，龚六堂. 土地财政、房地产需求冲击与经济波动［J］. 金融研究，2017（4）：36 – 49.

④ 林东杰，崔小勇，龚六堂. 货币政策、消费品和投资品通货膨胀——基于金融加速器视角［J］. 金融研究，2019，465（3）：22 – 40.

⑤ 李向阳. 动态随机一般均衡（DSGE）模型.［M］. 清华大学出版社，2018：180 – 181.

续表

参数	参数意涵	先验分布			后验分布	
		分布类型	均值	标准差	均值	90%置信区间
σ_T	总量税冲击标准差	Inverse Gamma	0.01	2	0.0034	0.0033－0.0046
υ_T	总量税对地方政府债务的反应系数	Beta	0.5	0.2	0.7771	0.7757－0.7790
ρ_r	基准利率的冲击参数	Beta	0.5	0.2	0.4896	0.4894－0.4906
σ_r	基准利率冲击的标准差	Inverse Gamma	0.01	2	0.0253	0.0189－0.0260
ρ_π	基准利率对通胀的反应系数	Beta	0.5	0.2	0.5295	0.5286－0.5303
ρ_Y	基准利率对产出的反应系数	Beta	0.5	0.2	0.5021	0.4998－0.5110
ρ_υ	基准利率对货币流通速度的反应系数	Beta	0.5	0.2	0.4270	0.4260－0.4281

上表给出的后验分布均值由 Matlab 自行算出，并将在后续的 NK-DSGE 模型计算中取代先验分布均值，由系统自行代入运算。从上表可以看出，四类随机冲击（技术进步、政府购买性支出、总量税收、货币政策）的持续性参数分别为0.1918、0.7374、0.4920、0.4896，说明四类随机冲击对产出的影响均较为明显，并以政府购买性支出尤为突出。另外，从表6－3还可以看出政府购买性支出对地方政府债务的反应系数为0.8239，说明政府购买性支出与地方政府债务间存在明显的相关关系，一旦政府增加购买性支出，地方政府债务规模将受到较明显的正向推动作用。

6.4.3 参数估计的稳健性检验

由上文可知，参数贝叶斯估计的基本原理是 MH 算法下的 MCMC 方法，即蒙特卡洛—马尔科夫链。一般而言，经过贝叶斯估计得出的参数后验分布，其均值不能与先验分布均值相差太大，对应在各参数贝叶斯估计诊断图上就是马尔科夫链应趋于收敛平稳。具体结果如图6－2所示。

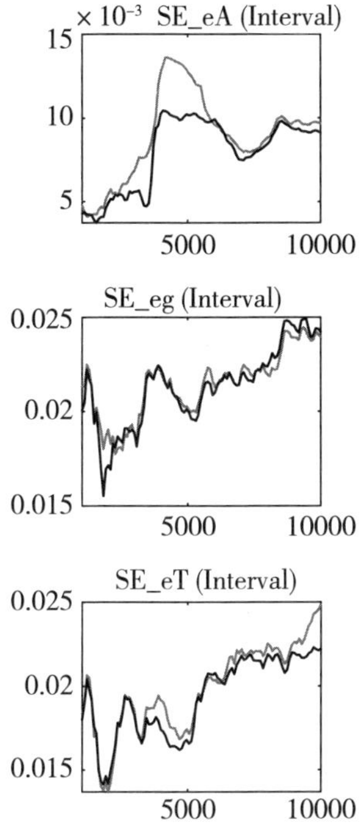
× 10⁻³ SE_eA (Interval)
× 10⁻⁵ SE_eA (m2)
× 10⁻⁷ SE_eA (m3)
SE_eg (Interval)
× 10⁻⁵ SE_eg (m2)
× 10⁻⁶ SE_eg (m3)
SE_eT (Interval)
× 10⁻⁵ SE_eT (m2)
× 10⁻⁷ SE_eT (m3)
5000
10000

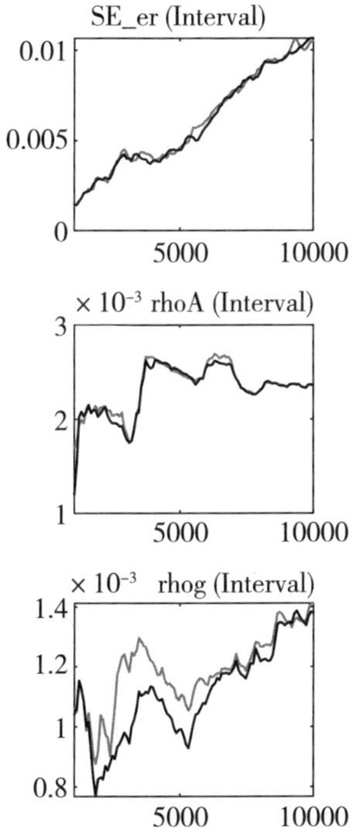
SE_er (Interval)
× 10⁻⁵ SE_er (m2)
× 10⁻⁸ SE_er (m3)
× 10⁻³ rhoA (Interval)
× 10⁻⁷ rhoA (m2)
× 10⁻⁹ rhoA (m3)
× 10⁻³ rhog (Interval)
× 10⁻⁷ rhog (m2)
× 10⁻¹⁰ rhog (m3)
5000
10000

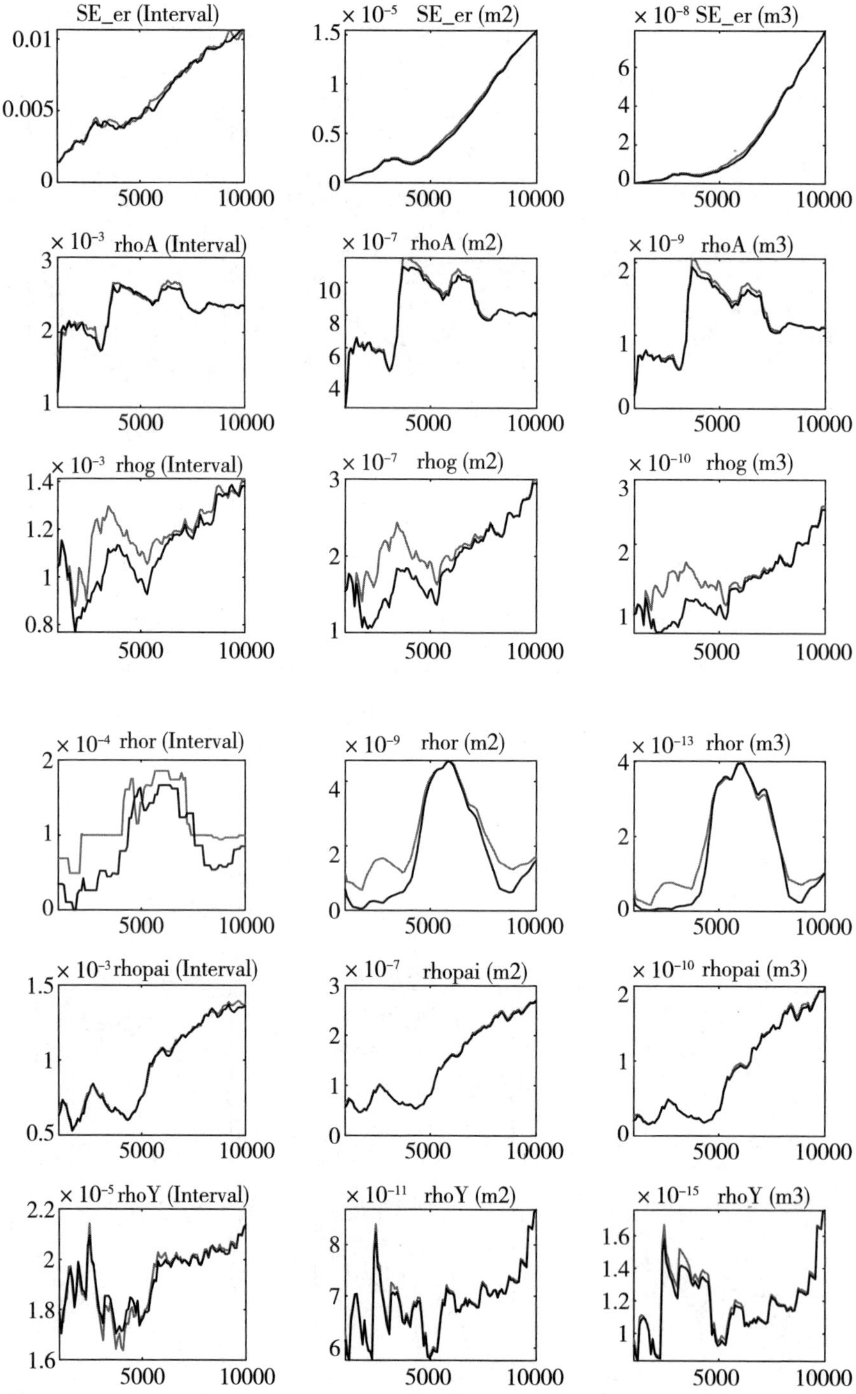
SE_er (Interval)
× 10⁻⁵ SE_er (m2)
× 10⁻⁸ SE_er (m3)
× 10⁻³ rhoA (Interval)
× 10⁻⁷ rhoA (m2)
× 10⁻⁹ rhoA (m3)
× 10⁻³ rhog (Interval)
× 10⁻⁷ rhog (m2)
× 10⁻¹⁰ rhog (m3)
× 10⁻⁴ rhor (Interval)
× 10⁻⁹ rhor (m2)
× 10⁻¹³ rhor (m3)
× 10⁻³ rhopai (Interval)
× 10⁻⁷ rhopai (m2)
× 10⁻¹⁰ rhopai (m3)
× 10⁻⁵ rhoY (Interval)
× 10⁻¹¹ rhoY (m2)
× 10⁻¹⁵ rhoY (m3)

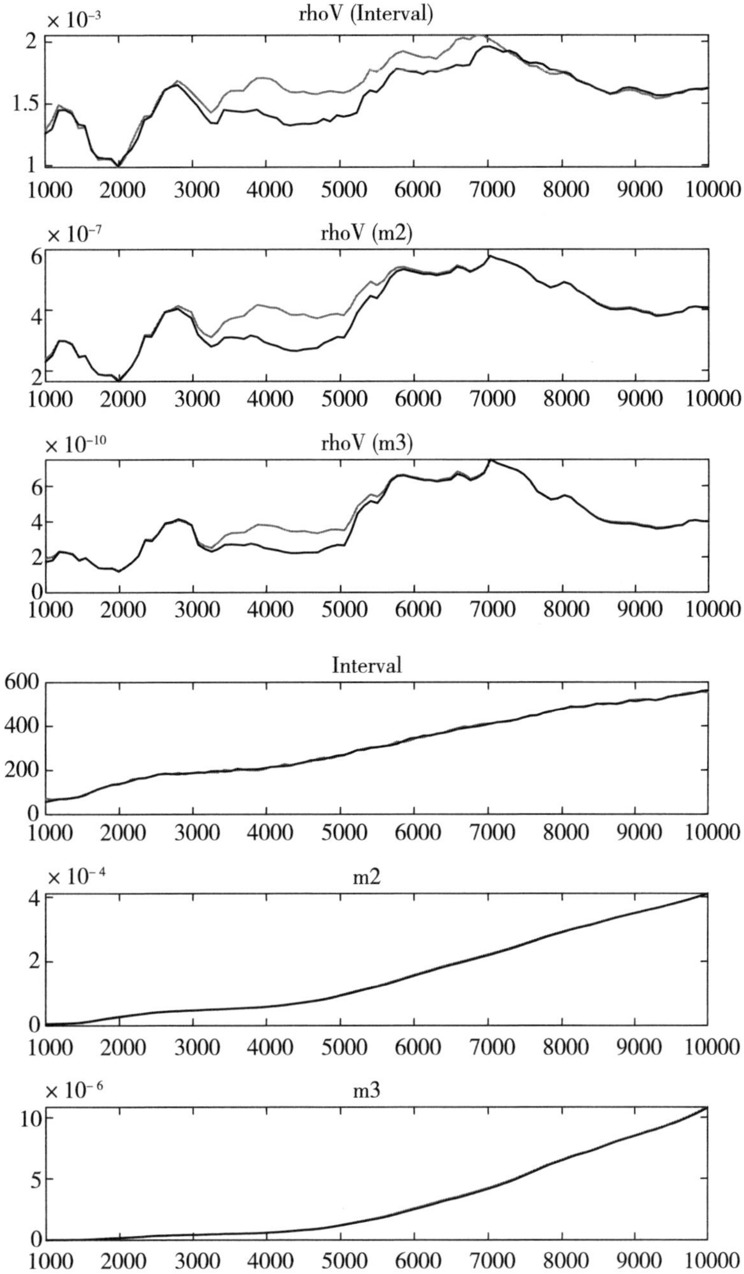

图 6－2　贝叶斯估计的变量诊断图

由图6－2可知，本书参数贝叶斯估计的马尔科夫链均收敛，即本书构建的NK-DSGE模型中，所涉及的外生参数贝叶斯估计稳健。

6.5 模型结果分析

6.5.1 模型稳健性检验

一般而言，在求解NK-DSGE模型以解释外生冲击的影响之前，需要对模型的拟合程度进行检验，以判断模型对经济现实的模拟程度和解释力度。学界使用较多的方法有二，其一是K-P（Kydland-Prescott）检验法。K-P检验法本质上是将模型和实际经济环境中变量的可观测矩条件进行对比分析的方法，具体来说，就是分别求出实际数据经H-P滤波处理后的标准差与相关模型变量的标准差，然后通过二者之间的标准差比率说明NK-DSGE模型对经济现实的拟合程度。K-P方差比越大，说明模型的拟合程度越高，对经济现实的解释能力也越强。其二是RMSE（Root mean square error）检验法。该方法通过测算主要内生变量在样本区间内，面对不同政策环境时的根均方误差来衡量模型的解释力度。与K-P检验法相反，RMSE的数值越小，表明模型的拟合程度越高，模型与经济现实越契合。本书借鉴学界的研究主流，使用K-P检验法进行NK-DSGE模型的稳健性检验。相关结果如表6－4所示。

表6－4 模型经济现实解释力度的K-P检验结果

变量	数据选取	实际数据标准差	模型数据标准差	K-P方差比率
C	社会零售消费总额	0.776	0.970	0.800
I	固定资产投资	0.813	1.154	0.705
Y	GDP	0.590	0.734	0.801
V	M2增速	0.083	0.098	0.847

由表6－4可知，实际经济数据标准差与模型数据标准差比较接近，K-P方差比基本达到了0.8左右的水平，可见本书所构建的NK-DSGE模型的现实解释力度较大，即通过了模型稳健性检验。

6.5.2　脉冲响应结果分析

所谓脉冲分析是指分析当模型内生变量系统受到来自宏观经济一标准差大小的外生冲击时，各内生变量由此产生的变化趋势和波动幅度。正如前文所述，所谓的 DSGE 或 NK-DSGE 模型是用来分析外部环境冲击和经济政策调整对宏观经济平稳运行将产生何种影响的政策仿真模型，通过机制构建 DSGE 模型可以模拟经济现实，以非实际数据仿真的思路探讨政策冲击对经济系统的影响。也就是说，本书构建 DSGE 模型的目的就在于获得最后的脉冲响应图，通过分析脉冲响应图所蕴含的经济信息，最终探讨可能存在的外生政策冲击对地方政府债务规模、资本积累和总产出的影响。本书的脉冲响应结果如图 6－3 所示。

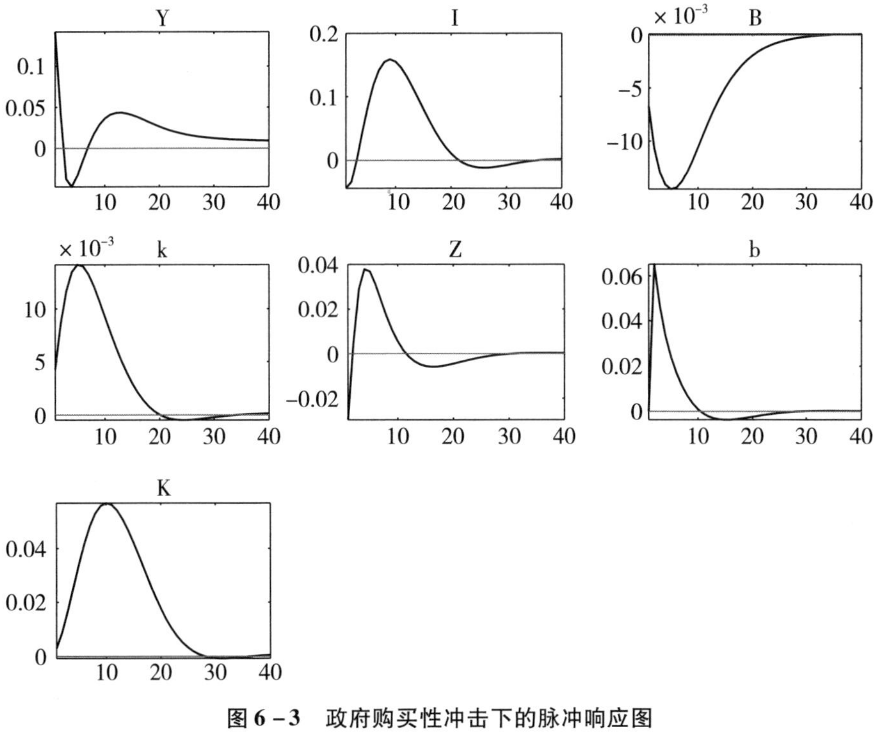

图 6－3　政府购买性冲击下的脉冲响应图

如前文所述，本书构建的 NK-DSGE 模型共有四个外生冲击，分别是技术进步冲击、政府购买性支出冲击、总量税收冲击和货币政策冲击，通过 Matlab 平台下的 Dynare 软件可以清晰的运行出每种外生冲击对内生变量系统的影响。本章构建 DSGE 模型的研究设想在于探讨当前在我国商业银行系统作为承销和持有地方政府债券主力军的经济现实下，地方政府的投资冲动和地方官员的晋升激励如何通过这样的制度安排，将扩大政府购买性支出、举债融资以满足地区发展的需要通过银行间市场的传导最终作用到企业投资、资本积累和总产出上去。因此，本书研究的是政府购买性支出这一外生变量发生一单位标准差大小的变动，首先会对地方政府债务规模产生怎样的影响，随后地方政府债务规模的变化又将通过商业银行体系对投资和总产出等内生变量产生怎样的影响。图 6－3 就是政府购买性冲击下的脉冲响应图，依次反映了当政府购买性支出产生一标准差大小的冲击时对总产出 Y、企业固定资产投资 I、银行体系对私人企业的信贷规模 B、私人资本积累 k、企业贷款利率 Z、地方政府债务规模 b 和公共资本积累 K 产生的作用效应。

从图 6－3 可以看出，当对政府购买性支出施加一单位标准差大小的正向冲击时，地方政府债务规模 b 会由此迅速增加 6.1 个百分点[①]，并随时间的推移发生轻微波动，最终迅速收敛到 0。表明当各级地方政府增加购买性支出，增加市政工程建设和公共服务供给以推动地区城市化进程时，在我国地方政府预算软约束、财权事权不匹配等种种因素共同作用下，地方政府债务规模会随之增加，并且即使考虑到后续债务风险的防控而导致债务规模出现轻微负向波动，但总体仍呈现地方政府债务规模与政府购买性支出的正相关关系。

当地方政府债务规模增加时，随之而来的是商业银行体系对私人企业信贷规模 B 的下降，从图 6－3 中也可以看出，当冲击产生时，私人企业信贷规模 B 立即产生负面效应，从 0 期的－0.7%迅速下降至－1.4%，随后收敛于 0。私人企业信贷规模 B 的脉冲响应图印证了本章将金融体系加入 NK-DSGE 模型的研究假设，即当我国地方政府增加购买性支出时，需要依靠举借、发行政府债务进行市政建设融资，而在我国现行的地方政府债务发行和管理制度框架内，商业银行体系尤其是各城市商业银行和股份制商

① 具体的波动幅度虽然图上没有显示，但通过 matlab 平台可以获知，下同。

业银行承担了大量地方政府债务、城投债、平台债的发行承销任务，银行间市场同时也是我国最大的政府性债务二级交易市场，当地方政府增加购买性支出扩大债务规模时，不仅商业银行特别是城商行需要提供配套资金支持，而且出于稳定资产负债表以对冲风险的考虑，商业银行都可能压缩高风险的私人企业投资规模。

图 6－3 反映出的信息还显示，当政府购买性支出的外生冲击通过地方政府债务规模传导到商业银行私人信贷规模时，商业银行对私人部门的信贷利率 Z 将呈现从 －2% 迅速向 +3.8% 变化，随后经过轻微波动并最终收敛于 0 的趋势。正如前文所述，当地方政府举借债务为购买性支出融资时，商业银行体系首先需要为政府基建项目提供配套资金，地方政府可以通过 PPP 等形式撬动社会资本进行配套建设，因此，最初融资利率在政府建设相关行业的资金供给充足局面下，可能出现短暂的下降，但当地方政府债务规模持续上升时，政府债务可能挤占相当一部分信贷资源，加剧私人部门尤其是中小企业在信贷资源分配上的弱势地位，从而导致企业融资利率 Z 的上升。融资利率 Z 的变化将影响私人资本积累 k 的波动，并结合外生冲击对公共资本 K 的传导共同影响社会固定资产投资 I，并最终将外生冲击的影响传导到总产出 Y。

地方政府举借债务增加购买性支出的目的在于增加公共资本积累，提高公共服务水平并最终发展地区经济。因此，如图 6－3 所示，当内生变量系统受到来自政府购买性支出的外生冲击时，地方政府债务规模的增长也带来了公共资本积累 K 的迅速增长，至第十期达到 5.8% 的水平，随后迅速收敛至 0。而图 6－3 有关私人资本积累 k 的脉冲响应图印证了前文有关地方政府债务对经济增长短期和长期影响的理论分析。随着公共资本积累的增加将首先对私人投资产生“挤入”效应，政府投资将带动相关上下游行业的发展从而增加投资机遇。随着地方政府债务规模的增加，由于实际利率上升、市场预期等因素的影响，私人资本积累 k 将出现轻微的负向波动，至 －0.08% 随后收敛至 0。公共资本积累 K 和私人资本积累 k 的波动趋势与波动幅度的共同作用，决定了投资 I 和总产出 Y 的脉冲响应信息。从图 6－3 中可以看出，总产出 Y 和投资 I 均迅速增加，分别达到 14% 和 15% 的水平，随后迅速下滑

至 -3.7% 和 -1.2% 的水平并最终收敛于 0①。以上信息验证了地方政府债务对经济增长的影响具有非线性的特征，短期来看地方政府债务对经济增长有较显著的正向推动作用，但长期来看，随着债务规模的积累，地方政府债务风险的积聚将抑制私人投资从而对经济增长产生负面影响，相比于短期较显著的正向推动作用，地方政府债务的长期消极影响较小。

6.6 本章小结

本章构建了包含金融加速器机制的 NK-DSGE 模型，通过将商业银行体系引入到传统三部门模型的构建中，模拟商业银行在我国地方政府债务承销中的重要作用。正如前文所述，在描述一般性的短期、长期传导机制外，要更加清晰的阐述我国地方政府债务对经济增长的非线性影响效应，必须立足我国实际国情，将经济现实与一般性的短期、长期传导机制分析相结合。在第 5 章的论述中，本书立足我国土地市场的使用权出让和抵押等制度安排，分析了我国地方政府债务膨胀与土地价值增值间的联动机制，通过分析地方政府对土地和债务的安排，进一步阐明了我国地方政府债务对经济增长非线性影响的土地传导机制。而本章则立足我国地方政府债务发行和管理的另一大制度安排（即由省政府打包发行地方政府债务，由商业银行负责承销，银行间市场作为债务发行的一级市场和主要二级市场，商业银行尤其是各地城商行是地方政府债务承销和交易的主力军），通过构建加入商业银行体系的 NK-DSGE 模型进行政策冲击模拟，最后得出的脉冲分析结果也印证了我国地方政府债务对经济增长的非线性影响，本章的分析结果显示：当我国地方政府增加购买性支出时，地方政府往往依托发行债务为市政建设融资，在商业银行普遍持有地方政府债务和私人信贷的情况下，在短暂的资金配套建设效应之后，企业贷款利率将上升，从而触发金融加速器效应影响企业投资和私人资本积累，并最终将外生冲击对企业外源融资利率的影响传导到总产出 Y 的变

① 投资 I 从负开始响应的原因可能在于地方政府举债为公共投资融资时，吸纳了大量公共储蓄，而公共储蓄转为公共投资存在一定的时滞。

动上。短期来看，地方政府举借债务增加购买性支出有助于提升公共资本积累，并对私人资本产生了显著的“挤入效应”；但从长期来看，由于本章金融加速器机制的作用路径，企业贷款利率上升，私人资本积累和固定资产投资均出现了负向响应，表明地方政府债务的持续增长极有可能对经济产生负面影响，并且从具体的影响效应大小来看，短期内地方政府债务对经济增长的正向推动作用要大于长期的抑制作用，即我国地方政府债务对经济增长的影响不仅仅是非线性的，而且呈现出非对称性的特点。

第7章　地方政府债务对经济增长非线性影响的实证检验

第6章通过构建包含商业银行体系和金融加速器机制的四部门 NK-DSGE 模型，探讨了在商业银行作为我国地方政府债务发行和交易中介的经济现实下，我国地方政府债务将通过影响商业银行资产负债结构，继而影响对企业的信贷规模和借贷成本，并最终影响私人部门资本积累的传导路径。这与第5章的理论机制阐述相呼应，不仅基于经济学一般理论阐述了地方政府债务对经济增长的短期和长期影响，验证了非线性效应的存在性。而且基于我国土地市场和商业银行体系对地方政府债务产生、扩张、发行和交易的重要作用，构建了一整套符合我国制度和经济现实的理论传导框架。也就是说，经过第5章和第6章的论述，本书已经完成了非线性影响的传导机制分析，而本章的工作就是在第5章和第6章的基础上，通过搜集实际数据，以省级面板门限回归模型实证检验我国地方政府债务对经济增长的非线性影响，以呼应前文的理论机制分析。

7.1　模型设定

基于理论机制的分析，我国地方政府债务在短期内将有效推动经济增长，但从长期来看，随着债务规模的膨胀、风险的累积，我国地方政府债务将反而一定程度上抑制经济的健康增长。从中可以看出，理论机制的分析结果具有显著的非线性即“倒U型”特征，因此如前文所述，本章将通过搜集实际数据，以构建省级面板门限回归模型的方法来实证检验我国地方政府债务对经济增长的非线性影响。

一般来说，在计量上要验证非线性影响有两种方式，其一就是如胡奕明和顾祎雯（2013）[①]、陈诗一和汪莉（2016）[②]、庄佳强等（2017）[③]、毛捷和黄春元（2018）[④] 的研究，引入解释变量的平方项。具体模型形式如下所示：

$$Y_{i,t} = \alpha + \beta Debt_{i,t} + \lambda Debt_{i,t}^{2} + \gamma \chi_{t,t} + \mu_{t,t} + \varepsilon_{i,t} \tag{7.1}$$

其中，Y 代表总产出为被解释变量，而 Debt 表示地方政府债务，作为主要的解释变量，χ 表示控制变量。引入被解释变量平方项的方法虽然在学术界也广泛使用，但是其本质上采用的是一元二次的建模形式，采用这种建模形式得到的回归结果不仅是“倒 U 型”的，而且默认“倒 U 型”的回归结果是对称的，即默认地方政府债务对经济增长的影响系数的绝对值在阈值前后是相等的[⑤]，这样一来，回归结果将损失一部分一般性特征，因此本书采取的是第二种建模方式，也就是构建非线性的门限回归模型，该模型的具体设定如下：

$$GDP_{i,t} = \alpha_i + \beta Debt_{i,t} I(Debt \leqslant \rho) + \lambda Debt_{i,t} R(Debt > \rho) + \gamma \chi_{i,t} + \mu_{i,t} + T_{i,t} + \varepsilon_{i,t} \tag{7.2}$$

其中，被解释变量 *GDP* 表示的是人均实际 *GDP* 增长率；i 表示省份，t 表示时间，*Debt* 表示主要解释变量—地方政府债务规模，在本章的模型构建中以地方政府的债务负担率表示[⑥]。ρ 表示门限值，当地方政府债务负担率小于门限值时，函数 I 取值为 1 而函数 R 取值为 0，当地方政府债务负担率大于门限值时，函数 R 取值为 1 而函数 I 取值为 0；参数 β 表示当地方政府债务负担率小于阈值时，对被解释变量的影响系数，参数 λ 表示当地方政府债务负担率大于阈值时，对被解释变量的影响系数；χ 表示控制变量，一般由诸如金融开放程度、财政分权程度、固定资产投资比率、人口增长率、人力资本投资

① 胡奕明，顾祎雯．地方政府债务与经济增长——基于审计署 2010～2013 年地方政府性债务审计结果［J］．审计研究，2013（5）：104－112，共 9 页．

② 陈诗一，汪莉．中国地方政府债务与区域经济增长［J］．学术月刊，2016（6）：37－52.

③ 庄佳强，陈志勇，解洪涛．我国地方政府性债务的非线性增长效应研究［J］．当代财经，2017（10）：36－47.

④ 毛捷，黄春元．地方政府债务、区域差异与经济增长——基于中国地级市数据的验证［J］．金融研究，2018，No. 455（5）：5－23.

⑤ 陈菁．我国地方政府性债务对经济增长的门槛效应分析［J］．当代财经，2018（10）：33－44.

⑥ 即地方政府债务余额与 GDP 的比率。

率、外贸依存度等同样能影响实际经济增长的经济指标组成。在本章的模型构建中，参考前人的研究，选取城镇化率、固定资产投资增长率、人力资本积累率、外贸依存度和人均财政支出占比作为控制变量（具体数据选取和指标构建见下文），参数 γ 表示控制变量对实际经济增长的影响系数；μ 表示面板模型的个体效应，T 表示面板模型的时间效应，ε 表示随机扰动项。值得一提的是，在本章构建的非线性面板门限回归模型中，为了有效缓解内生性的问题，本书将所有解释变量包括控制变量均做一阶滞后处理。

7.2 数据选取和指标构建

1. 被解释变量

如前文所述，本书以人均实际 GDP 增长率作为被解释变量，选取 2006～2016 年 30 个省、市、自治区（由于西藏数据获取难度较大故剔除，下文同）的 GDP 数据[①]，随后以 2006 年的价格水平作为基准价格进行平减，得到剔除通胀因素的实际 GDP 数据然后测算出每年的人均实际增长率。

2. 解释变量

如前文所述，本章探讨我国地方政府债务对经济增长的非线性关系，但由于我国地方政府债务规模缺乏长期的实际数据支持，因此需要通过测算代理变量的方式来近似的代表地方政府债务的实际规模。本章首先以 wind 的统计口径，即“政府债券 + 城投债规模”的口径获取我国 30 个省、市、自治区的地方政府债务负担率，随后本文以债务负担率作为解释变量和测算口径，借鉴何杨和王蔚（2015）[②] 的研究，以城市建设资金中来源于政府债券和国内贷款的部分占当年实际 GDP 的比重补足 wind 数据的缺失[③]。

3. 控制变量

如前文所述，本章选取城镇化率（UL）、固定资产投资增长率（FI）、人

---

① 数据来源：EPS 中国区域经济数据库.

② 何杨，王蔚．土地财政、官员特征与地方政府债务膨胀——来自中国省级市政投资的经验证据［J］. 中央财经大学学报，2015（6）：10－19.

③ 数据来源：《中国城市建设统计年鉴》。

力资本投资率（HI）、外贸依存度（DDT）和人均财政支出占比（EG）作为控制变量。城镇化率以 2006 ~ 2016 年全国各省市、自治区的城镇常住人口除以总人口计算；固定资产投资增长率即以 2006 ~ 2016 年各省市固定资产投资额的年增长率表示；人力资本投资率以 2006 ~ 2016 年各省市高等院校在校生人数除以总人口数表示；外贸依存度以同时间段各省市进出口总额除以当年实际 GDP 的比率表示，值得一提的是，各省市进出口总额选取以经营单位所在地为口径的统计数，由于该计价单位是美元，因此需要首先乘以当年平均汇率；人均财政支出占比以同时间段全国各省市人均财政支出除以当年人均实际 GDP 表示。计算控制变量所需要的实际数据均来源于 EPS 中国区域经济数据库。

根据指标选取和数据搜集结果，我们可以进行变量的描述性统计，结果如表 7 – 1 所示。

表 7 – 1　变量的描述性统计

变量	涵义	均值	标准差	最小值	最大值
GDP	人均实际 GDP 增长率	0. 1390	0. 0700	–0. 2240	0. 3227
Lag_ Debt	地方政府债务负担率	0. 0676	0. 0840	0. 0007	0. 6060
Lag_ UL	城镇化率	0. 5237	0. 1389	0. 2745	0. 8961
Lag_ FI	固定资产投资增长率	0. 2180	0. 1072	–0. 2755	0. 5954
Lag_ HI	人力资本投资率	0. 0173	0. 0059	0. 0060	0. 0353
Lag_ DDT	外贸依存度	0. 3238	0. 3927	0. 0357	1. 0722
Lag_ EG	人均财政支出占比	0. 2458	0. 1068	0. 0998	0. 7164

从表 7 – 1 的描述性统计结果可以直观的读出变量的数据特征，以被解释变量人均实际 GDP 增长率和主要解释变量地方政府债务负担率为例，2006 ~ 2016 年间，全国 30 个省市、自治区的人均实际 GDP 增速均值为 13. 9%，变化范围介于 –22. 4% ~ 32. 3% 之间，而地方政府债务负担率在同时间段的变化范围则是 0. 7% ~ 60. 6% 之间，均值为 8. 4%。

7.3 全样本回归分析

7.3.1 面板数据平稳性检验

在进行完模型构建、指标选取和数据采集后，本节首先以全国数据为全样本进行面板门限回归分析。由于本章构建的面板模型其横截面包含全国30个省份，时间跨度为2006～2016年共11年，因此本章构建的面板属于短面板模型，在对短面板模型进行面板数据平稳性检验时，一般采用LLC检验和HT检验，本章最终采用LLC检验法进行面板数据平稳性检验，检验结果如下所示：

表7－2 变量LLC平稳性检验结果

变量	涵义	Unadjusted t	Adjusted t	P值
GDP	人均实际GDP增长率	－8.6333	－3.9571	0.0000***
Lag_Debt	地方政府债务负担率	－12.3932	－8.8230	0.0000***
Lag_UL	城镇化率	－2.1932	－1.6726	0.0472**
Lag_FI	固定资产投资增长率	－9.1234	－3.8122	0.0001***
Lag_HI	人力资本投资率	－7.3268	－5.8536	0.0000***
Lag_DDT	外贸依存度	－9.9992	－5.9884	0.0000***
Lag_EG	人均财政支出占比	－11.0387	－7.5352	0.0000***

注：***表示t检验的显著性水平为1%，**表示t检验的显著性水平为5%。

如表7－2所示，在本章所构建的面板模型中，变量Lag_UL的t检验P值为0.0472，显著性水平为**，而其余变量的t检验P值均为0.0000（Lag_FI为0.0001），显著性水平为***。表明变量Lag_UL在5%的显著性水平上拒绝数据不平稳的原假设，而其余变量均在1%的显著性水平上拒绝数据不平稳的原假设，即本章所构建的面板门限回归模型通过了数据平稳性检验。

7.3.2 豪斯曼检验

在面板模型的构建中，首先需要面临选择固定效应还是随机效应的问题。

所谓固定效应是指回归结果随个体差异变化而不随时间变化的效应。众所周知，面板模型包含了反映个体差异的横截面数据和时间序列数据，我们在考虑参数回归结果的同时必须考虑到个体数据的组间差异和组内差异①。而所谓固定效应通俗的说就是固定了个体的不随时间变化的组间差异，只留下了组内差异，从而最终得到回归结果。而随机效应则比固定效应复杂，随机效应认为个体在不同时期内扰动项的自相关系数不随时期变化而变化，通俗的说随机效应的回归不仅依靠变量的组内差异，还需要考虑到变量的组间差异。在面板模型的构建中，解决选择固定效应和随机效应的问题一般需要使用豪斯曼检验（hausman）的方法。

豪斯曼检验本质上是卡方分布检验，首先确立选择随机效应的原假设 H_0，然后通过 bootstrap 的方法模拟抽样，最终计算出 chi2 值和 P 值。将本章构建的面板门限回归模型进行豪斯曼检验，可得：$chi2(6) = 107.76$, $prob > chi2(6) = 0.0000$ 。P 值等于 0，可见在本章的模型构建中应当拒绝原假设，即应当选用固定效应模型。

7.3.3　全样本门限效应分析

在确定选用固定效应模型后，接下来进行门限效应检验。门限效应检验的原假设为 $H_0: \beta = \lambda$。因为 β 和 λ 分别相当于解释变量小于门限值和大于门限值的影响系数，因此原假设即为模型不存在门限效应。门限效应（threshold effect）检验的方法一般采用 Hansen 的思维方式，以自举法（Bootstrap）反复抽样 500 次来逼近临界值，并采用 LR 检验的方式测算门限值的显著性水平和置信区间。本书同样采用相同的思路在 stata14 的平台上进行全样本门限回归效应分析，检验结果如表 7－3 所示。

如表 7－3 所示，全样本门限回归检验中，单一门限检验的 F 统计量为 23.29，P 值为 0.0261 小于 0.05 的临界值；双门限检验的 F 统计量为 7.47，P

① 同一个体不同时间内呈现的不同数据差异称为组内差距，不同个体在同一时间内的数据差异称为组间差距。

值为0.3867远大于0.05的临界值。检验结果说明本章所构建的面板回归模型在5%的显著性水平上拒绝了不存在门限效应的原假设，并且更进一步的，本章所构建的模型只存在单一门限的门限效应而不存在双门限效应，即本章的门限变量—地方政府债务负担率只存在一个阈值，小于阈值和大于阈值间存在“倒U型”的非线性影响效应。随着单一门限效应检验结果的确立，stata14还能生成门限回归的单一门限值以及门限值的取值范围，具体结果如表7－4所示：

表7－3　全样本门限回归检验结果

门限类型	原假设	F统计量	P值
单一门限	不存在门限值	23.29	0.0261
双门限	存在单一门限	7.47	0.3867

表7－4　全样本门限回归的门限值

回归类型	置信度	地方政府债务负担率门限值	下限	上限
单一阈值门限回归	95%	55.12%	55.06%	55.47%

如表7－4所示，根据单一门限回归的检验结果显示，本章所构建的全样本面板门限回归模型不仅通过了单一门限值的假设检验，而且测算出了全样本门限回归模型唯一的门限阈值为55.12%，且变化范围为55.06%~55.47%。根据这一回归结果我们结合第4章的表4－3，即2019年全国23个省市政府性债务负担情况可以看出，当前全国各省市、自治区整体债务负担率在可控范围内，但个别省份如贵州和青海的债务负担率均超过了70%，明显偏高，当地政府应当对债务风险进行谨慎的总体把控，严格控制新增债务膨胀。而宁夏回族自治区截至2019年底债务负担率为50.66%，已经接近阈值，因此接下来也应当密切关注债务风险积聚的问题。

当模型通过单一门限效应检验后，接下来可以通过stata14进一步得到全样本门限回归的影响系数。回归结果如表7－5所示：

表7-5 全样本门限回归系数

变量	系数	标准误	T统计量	P>t	95%的置信区间	
Lag_UL	0.8998	0.1971	4.57	0.000	0.02877	1.51190
Lag_FI	0.1889	0.0361	5.23	0.000	0.1093	0.2600
Lag_HI	0.0343	0.00482	7.11	0.000	0.0167	0.0989
Lag_DDT	0.0168	0.0339	4.96	0.000	-0.06517	0.06852
Lag_EG	0.1074	0.0590	1.82	0.069	-0.1009	0.1156
Lag_Debt（小于阈值）	1.0712	0.1745	6.14	0.000	0.2959	1.4472
Lag_Debt（大于阈值）	-0.1346	0.0619	-2.17	0.032	-0.2566	-0.01256

如表7-5所示，最终全样本门限结果显示：当地方政府债务负担率小于阈值55.12%时，地方政府债务负担率对经济增长的影响系数为1.0712，即当地方政府债务负担率每增加1%时，当地经济增长将提高1.0712%，表明当地方政府债务在短期低于阈值的情况下时，将对经济增长产生明显的推动作用；从长期来看，当地方政府债务负担率超过55.12%的阈值时，地方政府债务将抑制实际经济增长，其影响系数为-0.1346，表明当地方政府债务负担率超过阈值后，每增加1%的债务负担率，经济增长将下降0.1346%。上述结果不仅可以验证前文的理论机制分析结果，即我国地方政府债务对经济增长确实存在非线性影响，在短期内当地方政府债务规模不大时，地方政府扩大债务规模为基建工程、公共服务支出融资，将使地区经济增长受到明显的促进；而从长期看，当地方政府债务规模不断累积，风险不断积聚时，政府债务将反过来抑制经济的健康发展。并且我们还可以从表7-5中看出，我国地方政府债务对经济增长的非线性影响并非呈现严格对称的“倒U型”特征，当地方政府债务负担率小于阈值时，对经济增长的影响系数的绝对值为1.0712，当地方政府债务负担率大于阈值时，政府债务负担率对经济增长的负面影响系数的绝对值0.1346，因此可以说，根据实证结果显示，我国地方政府债务对经济增长的非线性效应同时还是非对称的，当小于阈值时，地方政府债务对经济增长的促进作用要大于超过阈值时的消极影响。

当然，从表7-5我们还可以看出几个控制变量分别对经济增长的影响系数。城镇化率、固定投资增长率、人力资本投资率、外贸依存度以及人均财政支出占比都对经济增长有正向推动作用，影响系数分别为0.8998、0.1889、0.0343、0.0168和0.1074，而且都在统计学上具有明显的显著性。

7.4　分样本回归分析

当然，除了运用全样本数据进行门限回归分析之外，我们还可以进行分样本回归分析，考虑到本章所构建的省际面板本质上为短面板，为避免可能存在的自由度不足的问题，本章借鉴陈诗一和汪莉（2016）[①] 等人的研究，在分样本分析中将中西部作为整体进行处理，将样本区分为东部经济发达地区和中西部经济欠发达地区，通过将二者的回归结果进行比较，我们还可以在我国地方政府债务对经济增长的非线性影响这一结论得到印证的基础上，进一步分析该结论是否存在区域异质性。根据我国的官方行政区域划分，我国的东部地区包括北京、天津、河北、上海、江苏、浙江、福建、山东、广东、海南10个省市，也就是说在本节，经济发达地区的样本有10个而欠发达地区的样本则有20个（全样本为我国除西藏、港澳台之外的30个省市、自治区）。本节分样本门限回归检验结果如表7-6所示[②]：

表7-6　分样本门限回归的检验结果

门限类型	F统计量	P值
东部（经济发达地区）		
单一门限	18.05	0.0383
双门限	10.41	0.2221
中西部（经济欠发达地区）		
单一门限	16.89	0.0460
双门限	9.38	0.2714

① 陈诗一，汪莉．中国地方政府债务务与区域经济增长［J］．学术月刊，2016（6）：37-52.

② 原本30个省市、自治区的全样本分析就是短时间跨度的短面板模型，分样本之后更为其甚，因此面板数据的平稳性检验并没有其必要性，在这里我们省略了分样本回归的面板模型数据平稳性检验。

如表 7 - 6 所示，东部地区和中西部地区均通过了显著性水平为 5% 的单一门限回归假设检验，二者的 P 值分别为 0. 0383 和 0. 0460，说明东部地区和中西部地区在 5% 的显著性水平上均拒绝了不存在门限效应的原假设，另外，东部地区和中西部地区的双门限回归检验的 P 值分别为 0. 2221 和 0. 2714，说明二者接受原假设，即在本书构建的分样本门限回归模型中，东部地区和中西部地区均只存在单一门限效应而并不存在双门限效应。

分样本通过门限效应检验后，接下来可以通过 stata14 的计算获知我国东部经济发达地区和中西部经济欠发达地区的门限阈值。结果如表 7 - 7 所示：

表 7 - 7　分样本门限回归的阈值

分样本	地方政府债务负担率门限值	下限	上限
东部经济发达地区	64. 35%	63. 75%	65. 28%
中西部欠发达地区	48. 66%	47. 95%	49. 53%

如表 7 - 7 可以看出，在分样本进行门限回归的前提下，东部地区和中西部地区各自的单一门限阈值并不相同。东部地区的阈值要高于全样本下全国 55. 12% 的阈值，达到了 64. 35%，而中西部地区的单一门限阈值则为 48. 66%，明显低于全样本下全国 55. 12% 的债务负担率阈值水平，呈现出明显的区域异质性特征。这种现象之所以产生可能与东部地区和中西部地区的经济发展水平、财政能力、债务承担能力等诸多因素相关，本书将在下一章节详细阐述。

最后，通过分样本门限回归模型可以得出区域异质性的影响系数，其结果如表 7 - 8 所示：

表 7 - 8　分样本门限回归系数

变量	东部地区	中西部地区
Lag_ UL	0. 7593*** (0. 1103)	0. 9331*** (0. 1971)
Lag_ FI	0. 1816*** (0. 04318)	0. 2288*** (0. 0429)
Lag_ HI	0. 0382* (0. 02123)	0. 0110* (0. 00639)
Lag_ DDT	0. 0219*** (0. 00364)	0. 0132** (0. 00545)

续表

变量	东部地区	中西部地区
Lag_ EG	0.0909** (0.0398)	0.1275*** (0.01860)
Lag_ Debt（小于阈值）	0.7744*** (0.1437)	1.4093*** (0.2248)
Lag_ Debt（大于阈值）	-0.1061** (0.0418)	-0.8950** (0.3750)
R^2	0.6482	0.6253

注：* 表示 t 检验的显著性水平为 10%，** 表示显著性水平为 5%，*** 表示显著性水平为 1%，括号内是标准误，括号外为回归系数。

如表 7-8 所示，首先，可以看出，在不同的显著性水平上，表 7-8 的结果都具有统计学意义上的显著性。其次，我们还可以从分样本门限回归结果中看出：

（1）东部与中西部地区同样与全样本分析结果一致，其地方政府债务对经济增长存在非线性影响。当小于阈值时，东部地区地方政府债务负担率对实际经济增长的影响系数为 0.7744，超过阈值时系数则变为 -0.1061，表明在东部经济发达地区，当地方政府债务负担率小于阈值 64.35% 时，每增加 1% 的债务负担率能推动经济实现 0.7744% 的增长，当超过 64.35% 的阈值时，每增加 1% 的债务负担率，东部地区的经济增长将受到 -0.1061% 的负面影响。同理，当中西部经济欠发达地区的债务负担率小于阈值 48.66% 时，每增加 1% 的债务负担率，将对当地经济实现 1.4093% 的增长，当超过 48.66% 的阈值时，每增加 1% 的债务负担率，中西部欠发达地区的经济增长将下降 0.8950%。

（2）从表 7-8 所示的回归结果中我们不仅可以看出，东部地区和中西部地区的地方政府债务均对经济增长产生了非线性影响，并且我们还可以看出，东部地区的债务负担率在小于阈值时，对实际经济增长的影响系数为 0.7744，当超过时系数则变为 -0.1061，中西部地区的相关系数则分别为 1.4093 和 -0.8950，正向作用的系数均大于负向作用的系数。这表明，东部和中西部地区的影响效应与全样本分析结果一致，不仅地方政府债务负担率与实际经济增长间存在非线性影响，而且这种“倒 U 型”的影响效应是非对称的。

（3）从表 7-8 中我们还可以得出第三条结论，那就是东部地区和中西部地区间就政府债务对经济增长的非线性影响效应存在区域异质性的特征。结合表 7 – 7 的结果来看，不仅东部地区的地方政府债务负担率阈值为 64. 35%，要大于中西部地区的 48. 66%，而且在两大分样本均小于阈值时，东部地区地方政府债务对经济增长的正面推动系数 0. 7744 要显著小于中西部地区的 1. 4093，并且当两大分样本均大于阈值时，东部地区地方政府债务对经济增长的负面作用系数 – 0. 1061 也要远远小于中西部地区的 – 0. 8950。

7.5　稳健性检验

内生性的一大来源即为双向因果关系，地方政府债务能影响经济增长，而经济增长反过来也将通过税收增长和举债能力增强等渠道影响债务规模。一般来说，线性回归模型下可以考虑构建联立方程组模型，或者采取寻找工具变量等方法解决双向因果关系下的内生性问题。但是在非线性模型的条件下，寻找工具变量的方法具有较大局限性，因此，学界普遍采取的做法是在面板门限回归模型中，将解释变量做滞后处理，如前文所述，对包含控制变量在内的所有解释变量做一阶滞后处理可以有效缓解内生性。

除了内生性问题外，面板门限回归模型还需要进行稳健性检验，以增强实证分析结果的说服力和稳定性。本书参考韩健和程宇丹（2018）① 的研究，将解释变量—地方政府债务负担率由滞后一期变为滞后两期，既能进一步削弱模型可能存在的内生性，还能同时进行稳健性检验。相关回归结果如表 7 – 9 所示：

表 7 – 9　稳健性检验下的回归结果

变量	全样本	东部地区	中西部地区
债务阈值	53. 55%	60. 10%	49. 28%
Lag_Debt（小于阈值）	1. 2740 *** （0. 1289）	0. 6356 *** （0. 1372）	1. 7521 *** （0. 4026）
Lag_Debt（大于阈值）	– 0. 3347 ** （0. 1242）	– 0. 0982 ** （0. 0392）	– 0. 7470 ** （0. 3495）
R^2	0. 7072	0. 7343	0. 6891

注：** 表示显著性水平为 5%，*** 表示显著性水平为 1%，括号内是标准误，括号外为回归系数，债务阈值测算的置信度均为 95%。

① 韩健，程宇丹. 地方政府债务规模对经济增长的阈值效应及其区域差异［J］. 中国软科学，2018（9）：104 – 112.

如表 7 - 9 所示，如果将解释变量——地方政府债务负担率做滞后两期处理，全样本和分样本情况下债务负担率阈值均发生了变化，但是仍然呈现出了非线性的特征，即小于阈值时地方政府债务对经济增长产生促进作用，而超过阈值后则将抑制经济增长，并且非线性框架下的非对称性和区域异质性特征也仍与上文的论述保持一致。稳健性检验的结果进一步说明：地方政府债务对经济增长非线性影响的阈值大小和效应强弱可以随着模型设定的变化而变化，但是非线性影响和债务阈值本身的存在性是稳定的。鉴于本书稳定性检验的结果与前文论述差距较小，因此在研究结论的阐述中，本书仍以 7.3 小节和 7.4 小节的实证分析结果为准。

7.6 本章小结

本章的主要目的是通过实证检验，验证第 5 章和第 6 章所构建的理论分析机制的研究结论，以构成一整套完整的逻辑体系。也就是说，本章的主要研究任务就是通过构建恰当的计量模型，实证我国地方政府债务对经济增长的非线性影响效应。借鉴学界的主流经验，本章采用构建面板门限回归的方法进行实证，以人均实际 GDP 增长率作为被解释变量，以地方政府债务负担率作为核心解释变量，以城镇化率、固定资产投资增长率、人力资本投资率、外贸依存度和人均财政支出占比作为控制变量，并以 2006 ~ 2016 年作为样本的时间跨度，分别选取了全国 30 个省市、自治区的人均实际 GDP 增长率、人均财政支出、固定资产投资、城镇常住人口、高校在校生人数等实际数据测算各主要变量的数值。

在具体的实证分析阶段，本章首先以全样本分析的方式得出结论：从全国整体来看，我国地方政府债务对经济增长而言有明显的非线性影响效应，当地方政府债务率小于 55.12% 的阈值时，地方政府债务对经济增长的正向影响系数达到了 1.0712，当地方政府债务率超过阈值时，政府债务负担率对经济增长的负面影响系数为 -0.1346，说明我国地方政府债务整体不仅对经济增长具有非线性影响，而且该影响还是非对称的。进行完全样本分析后，本章最后进行了分样本分析，将全国 30 个省市、自治区分为东部经济发达地区和中西部经济欠发达地区两大部分，两大样本分别进行门限回归的结果显示：东部地区和中西部地区的地方政府债务均对当地经济增长具有非线性且非对称的影响效应；而且东部地区的债务负担率阈值为64.35%，中西部地区的债务负担率阈值为48.66%，当东部地区地方政府债务负担率小于阈值时，对经济增长的影响系数为0.7744，大于阈值的影响系数为-0.1061，中西部地区地方政府债务负担率小于阈值的影响系数为1.4093，大于阈值的影响系数为-0.8950，说明我国地方政府债务对经济增长的非线性影响效应具有明显的区域异质性，东部地区的债务可承担上限要高于中西部地区，且东部地区地方政府债务对经济增长的短期促进作用和长期抑制作用都要小于中西部地区。

第 8 章　非对称性和区域异质性的影响因素分析

本文第 5 章、第 6 章和第 7 章的分析验证了我国地方政府债务对经济增长非线性影响效应的存在，并且给出了该影响效应存在的因素分析和传导机制分析。而且前文的分析结果还显示，我国地方政府债务对经济增长的影响不仅仅存在非线性的效应，而且在非线性影响的大框架下表现出了非对称性和区域异质性的特征，区域异质性的特征更是表现为东部地区与中西部地区间，地方政府债务负担率阈值的明显差异和对经济增长的作用系数大小的差异。因此，本章的主要研究目的就是在非线性影响效应的大框架下，具体分析和探讨我国地方政府债务对经济增长所表现出的非对称性和区域异质性的产生原因和作用因素。

8.1　非对称性的影响因素分析

本书所谓的非对称性是指当地方政府债务负担率低于阈值时对经济增长的促进效应要大于超过阈值时的抑制效应，从前文的研究结果看，这种非对称性不仅存在于全样本分析而且也存在于分样本分析当中。究其原因可能在于：

从前文的研究可以得出，全样本分析下的地方政府债务负担率阈值为 55.12%，分样本分析下东部地区债务负担率阈值为 64.35% 而中西部地区为 48.66%。结合表 4－3 全国 2019 年 23 个省市、自治区的债务负担情况和 2017 年、2018 年两年间全国 31 个省市、自治区的债务负担情况看[①]，在全国范围内地方政府债务负担率最高的省份是贵州和青海，两省 2017～2019 年三年间的地方政府债务负担率分别为 77.94%、79.08%、75.68% 和 55.25%、

① 数据来源于 wind 数据库，具体图表见附录.

68.88%、70.22%。除去这两个省份外，其他省份的债务负担率普遍在 50%以下甚至不少省份在 40%以下，如果从东部和中西部的分样本视角看，东部经济发达省份的地方政府债务负担率 2017～2019 年间的平均水平分别为 26.78%、28.80%和 28.90%（2019 年由于数据不全，平均值按已有数据的省份加总测算，下同）。其中在东部各省份当中，2017 年和 2018 年均以天津的债务负担率为最，分别为 37.55%和 43.79%，而 2019 年以目前的数据看以海南为最，其债务负担率为 44.09%，对比前文的债务阈值数据可以发现，东部地区债务负担较重的省份仍然远在全国总体和东部总体的阈值范围之下。同样，观察中西部经济欠发达地区的债务负担率可以发现，除去贵州和青海两个债务负担明显较重的省份以外，其余中西部省份三年来的平均债务负担率分别为 31.46%、34.43%和 37.61%，均在中西部地区 48.66%的阈值以下，而债务负担控制的较好的中西部省份如河南，其政府债务负担率仅为 20%左右，并且除青海、贵州以外，诸如云南、甘肃、宁夏、新疆等整体债务负担较高的中西部省份，虽然需要对其新增债务风险予以重视，但相对而言仍然还有举债谋发展的空间。

因此从上面的分析可以看出，目前全国整体的地方政府债务负担率离总体和各自的阈值水平仍然有一段距离，意味着我们总体债务风险可控，并且意味着我们仍然有一定的债务空间和财政空间来维持举债融资以支持地方固定资产投资的经济增长模式，因此在阈值范围内的可举债空间，地方政府债务的增加对经济增长的正面作用将得到显著的体现，正因为我国整体尚处于阈值范围之下，地方政府债务对经济增长的总体效应尚处于“倒 U 型”曲线的上升阶段，因此整体而言，地方政府债务对经济增长的正面促进作用要大于负面抑制作用，这也正是当前我国地方政府债务对经济增长的非线性效应中体现出非对称性的原因所在。

8.2　区域异质性影响因素分析

如前文所述，本书所涉及的区域异质性是指在我国地方政府债务对经济增长非线性影响的大框架下，东部地区和中西部地区在地方政府债务负担率阈值上的差异，东部地区为64.35%，中西部地区为48.66%；以及当小于阈值时地方政府债务对经济增长促进系数和大于阈值时地方政府债务对经济增长抑制系数的差异。从结果看，东部地区无论是对经济增长的促进作用还是对经济增长的抑制作用，其具体的作用系数均小于中西部地区。造成以上两大异质性差异的影响因素有很多，比如东部地区和中西部地区的经济发展基础的差异、财政收支能力的差异，等等，经过整理总结，本节将从债务资金投向、预算管理绩效、经济发展基础和财政可承受能力等四个方面入手，分析造成我国地方政府债务对经济增长影响的区域异质性表现的具体成因。

8.2.1 债务资金投向

债务资金的投向和用途对地方政府债务能否发挥出增加资本积累、刺激有效需求进而带动经济增长的应有作用至关重要。根据政府收支的划分方法，政府的支出可以分为政府购买性支出和转移支出，而购买性支出又可以分为消费性支出和资本性支出。其中资本性支出能够以基础设施建设的形式为地区增加公共资本积累，进而通过地区基础设施和营商环境改善等因素吸引私人资本增加投资，也就是说，政府增加资本性支出，能增加公共产品和物质资本积累，能够事实上解决阻碍地区经济增长的“供给瓶颈”的问题，能够优化地区供给结构。而政府消费性支出主要包含行政管理支出（主要包含人员工资福利、政府用品采购等环节），以及提供公共服务的政府支出，如果消费性支出尤其是其中的福利支出比重过高时，将直接影响经济社会整体的生产资金和资本积累。同时，我们如果以经济学一般理论对两者进行比较可以发现，政府消费性支出往往相当于滞后增税，不利于生产资本的积累，世界上也有不少国家因政府消费性支出过度而导致经济负担过重的例子，比如，拉美国家的财政大多用于维持本国高福利，而不是用于扩张社会再生产规模，比如，美国常年受困于过度消费和储蓄率不足的问题，过高的债务规模导致美国“双赤字”压力不断升高。

由此可见，如果地方政府将债务资金过多的投向消费性的福利支出，并不利于经济社会资本的积累和经济长期增长。当然，如果政府能够将债务资金投向固定资产投资和基建工程建设领域，并致力于提升公共服务水平，那么由此产生的收益将不仅能保证债务负担的代际公平分配，而且能够增加公共资本存量，推动本地区工业化和城镇化水平向前发展。在我国东部沿海经济发达地区，由于本身经济发展基础较雄厚、地理位置优越，基础设施建设也较完善，因此，增加政府资本性支出，投资城市固定资产建设的经济驱动模式面临着物质资本积累边际效用递减的问题，而中西部地区由于本身经济发展相对滞后，工业化和城市化水平较低，基础设施相对东部地区而言仍较落后，因此在中西部地区大力推动城市化建设本身就具有较大的发展空间。并且中西部地区较东部地区而言，社会资本积累程度较低，私人资本存量也较薄弱，因此中西部地区相比东部地区而言更加依赖政府驱动的发展模式，所以，从这个角度看，同样在阈值范围以内时，中西部地区地方政府债务对经济增长的正向推动作用要大于东部地区。

8.2.2　预算管理绩效

当然，并不是地方政府将债务资金投向基本建设领域就能保证“万事大吉”，我们必须对债务资金的使用效益进行有效的管理，才能保证债务资金不会被浪费性或者低效率的使用。在政府固定资产投资驱动经济增长的发展模式下，首要就是要保证政府资金的使用效率，既需要保证政府支出所提供的资产能匹配当地的公共需求和经济发展需要，同时也要保证政府资金一定的投资回报。如果政府投资能被高效的利用，市政建设能匹配当地经济社会发展需要的同时，能够产生一定的项目现金流，那么地方政府举债发展的模式就是可持续的，地方政府由举债所带来的风险就能在一个较长的时期内覆盖和收敛；反之，如果地方政府债务资金不能合理的利用，投资的固定资产无法匹配当地发展需要，进而变成了低效甚至无效的投资，那么在边际效用递减规律的作用下，经济社会无法由政府的固定资产投资带来足够的增长和税收，那么地方政府举债投资以驱动经济增长的模式就是不可持续的。

在新预算法实施以来，地方政府的一般债按规定需纳入一般公共预算管理，多用于项目建设的专项债则纳入政府性基金预算管理，因此强调债务资金使用效益的管理就是要强化和完善预算绩效管理。而预算绩效管理，尤其是深入到具体项目的信息透明、资产负债审查和流动性评估是为了更好把控项目的整体风险，避免低效的工程建设和债务负担的无法承受，因此，从这个角度看，理应将有关地方政府债务的预算绩效管理建立在项目管理的基础上。

当然，预算管理绩效不应该仅仅体现在经济效益上，而是更应该重视债务和项目建设的社会效益，评估项目的短期风险收益固然重要，但更应该关注债务资金的投资能否为经济社会带来长远的收益，从这个角度评估债务资金的预算管理绩效更加能够带来优化资源配置、改善营商环境、促进结构调整的正面功效。综上所述，地方政府的预算管理绩效的高低也能间接影响地区地方政府债务的整体风险收益和对经济增长的作用。预算管理绩效的建立有助于把控地方政府债务风险，通过绩效管理和信息透明加强对项目建设的监督，有助于控制由于低效重复建设对经济造成的负面影响，这也正是东部地区债务风险防范优于中西部地区的重要原因。

8.2.3 经济发展基础

在决定地方政府债务对经济增长的区域异质性因素中，区域间经济发展基础的差异是至关重要的因素，这其中主要包含了区域要素禀赋和市场化程度两大要素。其中，区域要素禀赋的差异又主要包含了东部地区和中西部地区在地理条件、物质资本积累和人力资源投资等方面的异质性。

首先，在地理环境方面，我国的地理条件的基本格局是中西部地势较高、地形环境较复杂、多山地丘陵且整体相对干旱，而东部地区则地势平坦、沃野千里、江河湖泊夹处其间、水网密布、交通便利四通八达。因此，自农业社会以来，我国东部地区的农业、工商业发展水平就要整体优于中西部地区。近现代以来，我国东部地区又因为港口贸易和水运、海运的自然环境优势，成为我国工业生产和进出口贸易的重要基地，而中西部地区则因其矿产资源丰富的资源禀赋，在全国工业生产体系的格局中，承担着为东部地区供应原材料、廉价劳动力和低附加值初级产品的任务，这样的工业生产分工格局决定了部分中西部省份劳动生产率较低，技术和人才积累严重不足，过度依赖自然资源的开采。

在物质资本和人力资源投资方面，我国东部地区在诸如公共资本存量、公共服务的完善程度、交通等基础设施的完备程度等方面均领先于中西部地区。由于东部地区便利的交通条件和相对完备的基础设施配套，产品的生产、运输和仓储成本在东部地区要大大低于中西部地区，再加上东部地区自古以来人口稠密，并且又集中了全国最优秀的一批高校和科研院所，人力资本积累程度也要远高于中西部地区，因此工业生产和研发集中在东部地区极易形成产业积聚效应和规模效应，能大大提升我国工业生产的劳动生产率，这就造成了客观上中西部地区劳动力相对外流和基础设施、城镇化建设相对落后的局面。物质资本积累叠加人力资本投资等后天禀赋要素的差异，与地理条件等先天禀赋要素共同发挥作用，从而决定了东部地区与中西部地区经济发展基础的异质性。

除了要素禀赋的差异外，东部地区和中西部地区市场化程度的不同也是造成两者区域异质性的重要因素。众所周知，东部地区是我国改革开放的先行者和排头兵，市场化程度相对较高，而市场化程度较高又首先表现为政府普遍能为辖区工业企业营造良好的营商环境，能大大降低企业从事生产和贸易的制度成本；其次，东部地区金融体系较中西部地区发达，资本市场建设程度相对更高，这决定了东部发达地区的地方政府能够较便捷的获取资本市场的融资支持，并且发达的资本市场本身也能以价格发现等市场机制放大东部地区与中西部地区间经济发展水平的差异，直接体现为东部地区地方政府能够以较低的融资成本寻求债务融资。

综上所示，要素禀赋的差异和市场化程度的高低是导致东部地区和中西部地区区域异质性的重要因素，事实上我们通过第 7 章表 7 - 8 的分样本门限回归结果就能看出端倪，根据表 7 - 8 的结果显示，东部地区的人力资本积累、外贸依存度对经济增长的影响系数大于中西部地区，而中西部地区人均财政支出、固定资产投资对经济增长的影响系数要大于东部地区，该结果说明了东部地区相比中西部地区拥有更强大的基础配套设施、更扎实的人力资本投资和更发达的城镇化水平，而中西部地区对固定资产投资和政府举债驱动经济增长的发展模式更加依赖，以上结果充分表明了经济发展基础的差异对政府债务非线性影响的重要作用，东部地区由于经济发展基础较强，其本身的增长也更依赖人力资本投资和对外贸易等因素的影响，也就导致东部地方政府债务对经济增长的驱动不如中西部明显。

8.2.4 财政可承受能力

财政可承受能力同样是造成我国地方政府债务对经济增长非线性影响区域异质性的重要因素。财政可承受能力主要用于衡量地方政府财政收支是否健康，能否承担本地存量债务和新增债务负担。事实上财政可承受能力与前文提到的几个指标息息相关，共同作用。东部地区普遍经济更加发达，意味着东部地区能够从经济发展中获得更高的收益，能够比中西部地区获得更多的税收，能够获得更大的举债空间，而且市场也更加信赖东部省份的偿还能力，其地方政府债务的偿还能普遍获得市场的认可。事实上我们从表 4 – 3，2019 年全国 23 个省市、自治区的公共财政收入、负债率①和 2017 年、2018 年两年的相关数据（见附录）以及财政自给率数据②就可以看出端倪。从上述图表中可以看出，东部地区的公共财政收入普遍比中西部地区充裕，财政自给率也普遍更高，这决定了东部地区相比于中西部地区而言拥有更好的债务偿还能力和潜力，因此，东部地区的债务负担率阈值要高于中西部地区（64.35% 对比 48.66%），同样，由于东部地区经济更发达，财政可承担能力更强，举债空间更大，乃至物质资本积累水平更高也决定了其相对于中西部地区而言更有能力控制债务累积的风险，一旦债务负担率超过了阈值，东部地区也更有能力管控负面影响。

8.3 本章小结

如前文所述，本章的写作目的就在于为前文通过理论和实证分析得出的

① 按照 wind 的口径，此负债率等于财政收入与债务余额之比。

② 按照 wnd 的口径，财政自给率等于公共财政收入与公共财政支出之比。

结论：我国地方政府债务对经济增长的非线性影响存在非对称性和区域异质性特征寻找合理的因素分析。结合实证结果看，我国地方政府债务整体处于阈值范围（55.12%）以内，尤其是东部地区的债务负担率阈值更是达到64.35%，虽然中西部地区债务负担率阈值较低为48.66%且有部分省份债务风险需要引起重视，但是整体上，我国地方政府债务对经济增长的影响处于正面作用高于负面作用的阶段，整体仍处于“倒 U 型”曲线的左侧，因此，我国地方政府债务对经济增长非线性影响呈现出非对称性的特征。

对于非线性影响的区域异质性因素分析，本章对比了东部地区和中西部地区在债务资金投向、预算管理绩效、经济发展基础和财政可承担能力四个方面的差异得出结论：东部地区由于其自身雄厚的物质资本积累、人力资本投资，发达的资本市场支持、便利的交通和优越的地理环境等因素影响，使其本身的经济发展基础和发展水平优于中西部地区，并且由于这种自身发展水平的优势，东部地区的财政税收和政府融资能力也要普遍优于中西部地区，使得东部地区地方政府财政可承担能力普遍较强，市场普遍对东部地区地方政府债务更具投资信心，这些因素使得东部地区地方政府债务债务阈值较高，且对经济增长的负面因素较小。而中西部地区则因为城镇化、工业化水平较落后，且普遍财政税收收入不如东部地区，这就导致了中西部地区相比于东部地区更加依赖于政府举债投资驱动经济的发展模式，因此，中西部地区地方政府债务对经济增长的正面作用较高。

第 9 章　研究结论与政策建议

9.1　研究结论

本书的主要研究目的是探讨并实证我国地方政府债务是否会对经济增长产生非线性影响。首先本书基于经济学理论提出了一般化的短期、长期作用路径，当债务规模在短期、且风险可控的情况下，地方政府为投资地区公共工程、招商引资促进工业化发展、推动城镇化建设、保障和增加公共服务供给以谋求政绩升迁，必然会有强烈的“软化预算约束”、增加政府债务规模为地区公共建设支出融资的内在动力。此时地方政府通过举债为购买性支出融资的方式能直接增加总需求，并增加公共资本积累，公共资本积累的提高能带来城镇化建设水平和民生福利保障水平的提高，同时，地方政府增加支出促进经济增长的举措会为市场带来“市场指导和风向标”的效应，以上两大要素都能对私人资本投资带来“挤入效应”，从而增加整个社会的资本积累，促进经济增长。

但是从长期来看，当地方政府债务规模持续扩张，边际产出递减、风险持续积累时，地方政府债务将通过未来税收实质性增长的“税费效应”，以及由于公共储蓄不足、实际利率水平提高的“挤出效应”对资本积累产生负面影响。并且，地方政府债务的持续增长可能滋生对经济长期看空的市场预期，叠加债务规模增长带来的通胀效应，公共资本对私人资本资源配置的挤占削弱了私人资本活力，从而对经济的长期健康增长产生抑制作用。本书在定性分析的基础上，结合动态最优化的建模思想，构建了定量分析框架，验证了地方政府债务对资本积累和经济增长的非线性影响效应，证明了最优债务阈值的存在性。

随后，本书基于我国地方政府债务与土地市场的深度结合，结合我国经济现实，以土地市场为重要的中介影响因素进行了传导机制分析。地方政府债务借由投融资平台可以对土地进行整理、熟化和使用权出让，并可以分别借由“土地财政”和“土地金融”等形式获取建设资金支持，而借由这两种渠道，地方政府可以低价配置工业用地招商引资，并高价配置住宅和商业建设用地获取城镇化发展资金，而由此所带来的就是地价和房价的高位运转，从而增加企业经营成本、挤压消费。而债务风险向金融系统的积聚也可能引发系统性风险，从而对经济长期稳定发展产生负面影响。另一方面，本书在第 5 章还构建了基于土地市场因素影响的定量分析模型，通过政府行为最优化模型的构建，进一步验证了地方政府通过举债配置土地要素分配的模式下，地方政府的效用和债务规模都将随着地价的升高而增加，短期内将对经济增长产生明显的正向推动。而从长期来看，一旦债务风险不断累积将极有可能出现风险不收敛的情况，从而引爆债务风险。

2015 年新预算法实施以来，国家要求剥离地方投融资平台的政府投融资职能，并允许地方政府在银行间市场公开发行债券。因此，商业银行体系在新形势下仍然扮演了举足轻重的重要角色，在地方政府债务的承销、发行、交易中发挥了重要作用。因此本书同时构建了包含金融加速器机制的 NK-DSGE 模型作为重要的理论分析框架。在 NK-DSGE 模型中，地方政府增加购买性支出发展地区经济，触发了外生冲击，首先增加了地方政府债务规模和公共资本积累。而地方政府债务规模的增加将影响商业银行信贷资源的分配，从而触发金融加速器机制，进而对私人资本积累和总产出产生非线性影响。NK-DSGE 模型的分析不仅验证了地方政府债务对经济增长的非线性影响，还表明了非线性影响具有非对称的特点。

最后，本书以 2006～2016 年间全国 30 个省市、自治区为样本，分别进行了全样本和分样本的面板门限回归分析，理论和实证分析结果均表明：我国地方政府债务对经济增长存在非线性影响，并且这种非线性还呈现出非对称性以及区域异质性的特征。全样本分析下地方政府债务阈值为 55.12%，小于阈值时对经济增长的正面促进系数为 1.0712，当超过阈值时对经济增长的

负面影响系数为 -0.1346；当东部地区地方政府债务负担率小于64.35%的阈值时，对经济增长的影响系数为0.7744，大于阈值时的影响系数为 -0.1061，而中西部地区地方政府债务负担率小于48.66%的阈值时，影响系数为1.4093，大于阈值时的影响系数为 -0.8950。东部地区债务阈值明显高于中西部地区，并且不管是正面还是负面影响，东部地区的地方政府债务对经济增长的作用系数都要小于中西部地区。基于全文的研究结论，本书将尝试提出政策建议，以期同时兼顾防范、控制地方政府债务风险和推动地区经济发展。

9.2 政策建议

9.2.1 遵循黄金法则，强化预算绩效管理

正如前文所述，我国全国整体地方政府债务负担率阈值为55.12%，东部地区为64.35%而中西部地区为48.66%，结合wind的统计数据（即表4-3和附录），全国整体地方政府债务风险可控，尤其是东部地区普遍低于债务阈值，结合本书研究结论可以认为，此时地方政府债务对经济增长的影响整体仍处于正面阶段，非线性框架体现出较强的非对称性特征，增加债务为政府提供公共工程和公共服务融资有助于增加整个经济社会的资本积累，从而推动经济增长。另外，我们看到，中西部地区虽然有部分省份债务负担率偏高，且中西部地区由于自身市场化程度、要素禀赋、财政空间等因素的综合影响，导致债务负担率阈值偏低，但是由于中西部地区本身城镇化进程和政府投资驱动的巨大潜力，中西部地区政府债务对经济增长的边际贡献要明显高于东部地区，因此，结合上述两方面的结果看，我国地方政府债务依然是重要的逆周期宏观调控工具，尤其是当前我国经济进入中低速增长的新常态，在2020年全面建成小康社会的要求下，需要地方政府债务继续发挥积极作用以加速推进我国城镇化进程，地方政府举借债务投资固定资本积累的经济增长模式仍然是我国经济重要的稳定器。因此，从上述分析看，我国当前仍需要地方政府债务发挥出积极的一面，那么该如何合理引导地方政府债务对经济增长的正面影响呢？

首先，需要科学合理地运用债务资金。根据前文的论述，地方政府债务如果用于一般消费性支出的融资（尤其是行政管理支出、福利支出和利息偿还支出），那么将无法直接的对经济施加正面影响。因此，当前世界各国在政府债务管理领域均遵循“黄金法则”，要求将债务资金投向投资性项目，约束债务资金投向，强化债务资金的预算绩效管理。经典的经济增长理论无论是索洛模型还是内生增长模型都强调资本积累对经济增长的重要作用，私人资本积累尤其是物质资本与知识、技术资本积累的结合能产生巨大的边际增长贡献。但是，私人资本投资的增长离不开地区交通、通信、物流、卫生、医疗等公共产品的配套支持，而公共产品的配套支持又离不开政府的固定资产投资和公共服务供给，因此，地方政府通过发行债务为购买性支出融资的方式，能够弥补“市场的缺失”，为区域经济增长提供充足的公共产品支持，而公共资本的积累不仅能够直接对相关行业产生“挤入效应”，而且能通过营商环境的改善持续保持对私人投资的吸引力。因此，确保地方政府债务资金合理科学的投向具有重要意义，地方政府债务资金应当用于投资地区城镇化建设和工业化发展，推动地区经济增长。

其次，应当强化债务资金的预算绩效管理，需要明确的是，并非笼统地将地方政府债务资金投向基本建设领域就能有效控制支出绩效，也不是所有的公共工程项目都能完美覆盖风险收益，在明确投资方向后，地方政府需要强化债务资金的预算管理。地方政府的债务资金预算管理应该以绩效管理为导向，并将预算管理建立在项目管理的基础上，通过公开透明的项目管理引导地方政府债务预算管理的信息化、透明化，并通过合理管理公共工程项目的现金流收益、规范相应平台公司的资产负债表管理来强化项目的资产负债管理，并且以合理管控项目风险收益的方式更好的实现地方政府债务的预算绩效管理。考虑到公共工程项目的高投资、长周期、低回报特性，地方政府可以考虑为债务资金的统筹设置中期预算管理框架，以期更加科学和长效化的做出合理的地方政府债务管理决策，避免地方政府过度陷入短期的“政绩工程”当中去。

9.2.2 合理确定债务阈值，协调区域经济发展

本书通过运用债务负担率指标构建面板门限回归模型进行实证，测算出了在wind统计口径下和本书简化处理中的债务负担率阈值，并且本书的主要实证结论就是验证和分析我国地方政府债务对经济增长的非线性影响，全样本分析下地方政府债务负担率小于阈值时对经济增长的正面促进系数为1.0712，当超过阈值时对经济增长的负面影响系数为-0.1346；当东部地区地方政府债务负担率小于阈值时，对经济增长的影响系数为0.7744，大于阈值时的影响系数为-0.1061；中西部地区地方政府债务负担率小于阈值时，影响系数为1.4093，大于阈值时的影响系数为-0.8950。由此各地政府可以强化地方政府债务限额管理的思路，完善限额管理制度，依托存量债务负担、当年财政收支、本地经济发展情况等方方面面的信息，因地制宜，制定匹配本地经济发展和债务风险现状的债务阈值测算框架，并据此进行决策上的宏观把控。当本地新增债务规模过大，将扩大存量债务风险，使得债务负担率阈值逼近红线时，应该严格管控地方政府和投融资平台的债务行为，控制好新增债务风险，并积极通过债务置换重组等方式消化部分存量债务，以免对经济增长产生负面影响；当本地整体债务风险可控，债务负担低于阈值时，当局可以倾向于将地方政府债务作为宏观调控和协调区域经济发展的有利工具。经济发展当前仍是我国谋发展、谋富强、全面建成小康社会和社会主义现代化强国的重要指标，因此在控制好地方政府债务风险，严守不发生系统性风险的底线的情况下，如何同时兼顾地区经济增长是一个非常重要的课题，这就需要各地政府做好地方政府债务限额管理工作，以阈值管理的思维进行宏观把控。

9.2.3 构建异质性债务管理框架，强调需求约束机制

从前文可以看出，无论是债务负担率阈值还是具体的影响系数，地方政府债务对经济增长的非线性影响都呈现出非对称性和异质性特征。因此应对东部经济发达地区和中西部经济欠发达地区制定异质性债务管理框架，以便

因地制宜，充分发挥出地方政府债务对经济增长的正面作用，并更具针对性的管控债务风险。

从实证结果可以看出，中西部地区的债务负担率阈值较低，而具体的影响系数（无论是低于阈值还是高于阈值）都高于东部地区。以中西部为例进行分析，中西部地区受经济发展基础较薄弱、财政可承受能力较低等因素影响，对地方政府债务的承担能力以及对债务风险的管控能力较东部地区为弱，因此体现为债务负担率阈值较低，而且一旦地方政府债务规模超过阈值，其对经济的负面“破坏”也较东部地区更强。另一方面，由于中西部地区城镇化发展空间仍然较大，而且地方财力和融资能力（体现为投资者信心、债券评级、信息透明度等因素）普遍欠缺，导致了地方政府举债融资、投资基建项目和城镇化建设的边际效用仍较明显。在这种情况下，中西部地区的债务管理思路和框架应与东部地区不同，应更加“精准”。

首先，考虑到偿还能力和承受能力，中西部地区的新增债务限额应低于东部地区，而且中西部地区应建设比东部地区更加完备的信息披露和预算管理机制，以提升资本市场信心，而且鉴于中西部地区两个影响系数都高于东部地区，因此，中西部地区对预算绩效管理和预算信息透明度的要求也要高于东部地区，这样才能引导债务资金更好地投资本地经济增长，提升财政资金效率，并能更好地管理债务风险，防止过度投资“形象工程”“面子工程”。

其次，无论中西部地区和东部地区都应考虑推广需求约束机制下的地方政府债务管理思路。结合公共产品理论中的受益原则以及“黄金法则”，各地方政府对公益性公共工程建设往往出现需求无法完全匹配的现象，而对能产生现金流的福利性公共工程建设则相反，因此部分地方政府出现了专项债额度利用率较低，以及 PPP 项目不合规等现象。因此，推广需求约束机制就是要求地方政府建立公共工程的项目管理库，利用信息化等管理手段对公共工程建设进行合理精准的分类管理，并做好信息披露工作。对福利性公共工程建设可以侧重于立足项目收益，创新融资模式，在成本收益原则基础上平衡公共投资成本和项目风险；而对公益性项目建设则应立足于风险管理，进一步强化预算约束，以确保代际公平和宏观经济稳定。对地方政府公共工程建设的需求约束管理同时也能反馈在债务管理上，能够提升一般债和专项债管理框架的有效性，提升地方政府一般债和专项债的管理效率，同时也能提升转移支付的有效性。

最后，对于东部地区而言，债务负担率阈值较高且两个影响系数都低于中西部地区，表明东部地区融资举债投资基建项目，增加公共资本积累的边际效用低于中西部地区，而且东部地区的财政可承受能力及风险管理能力也更强。因此，东部地区的债务管理思路应比中西部地区更加“积极进取”，东部地区有条件创新债务资金的投资渠道，可以大胆开拓新的增长点，例如东部地区有条件率先响应党中央投资“新基建”的号召，能够尝试创新园区开发建设，积极引入数字化、智能化的建设管理思路。

9.2.4 提高地方政府债务流动性，多元化债务偿还渠道

本书通过结合我国经济运行现实，提炼出土地市场与商业银行体系作为重要中介因素的传导机制分析。由于我国土地市场与地方政府融资举债的行为高度相关，因此我国地方政府债务的积累就有可能通过“土地财政”“土地金融”等行为将风险传导到宏观经济中去，并且地价的居高不下也将压缩居民消费，从而对经济长远发展产生不利影响。因此，我国可以积极倡导发展多元化的工具补充地方财力，偿还存量债务，降低对土地出让的依赖。比如，在债务偿还方面，地方政府可以积极尝试和探讨债务重组和展期的模式，“以时间换空间”，避免继续陷入高度依赖土地出让的旧有模式。除此之外，地方政府可以因地制宜，适当盘活和重组地方国有资产补充地方财力，谋求筹集发展资金。

本书构建的 NK-DSGE 模型对现实进行了一定的简化，将地方政府债务的发行和持有完全赋予商业银行体系。在模型中，由于商业银行体系对地方政府债务的高度持有，导致了私人投资受到了一定程度的挤压，从而在长期对经济增长产生了不利影响。因此，我们可以进一步打通一级市场和二级市场的通路，积极拓宽地方政府债务的销路，完善地方政府债务的信用评级和信息披露制度，鼓励多元化的投资者投资持有我国地方政府债务，并且我们应

当强化二级市场建设，制定和完善二级市场交易机制，充分利用信息披露制度和二级市场交易机制的建设来提高地方政府债务的流动性，这样也可以减少由于地方政府债务高度集中而导致的风险集中，减轻对私人信贷的挤压。

参考文献

［1］卜林，郝毅，李政．财政扩张背景下我国货币政策与宏观审慎政策协同研究［J］. 南开经济研究，2016（5）：55－73＋88.

［2］陈菁．我国地方政府性债务对经济增长的门槛效应分析［J］. 当代财经，2018，407（10）：33－44.

［3］陈昆亭，龚六堂．粘滞价格模型以及对中国经济的数值模拟——对基本 RBC 模型的改进［J］. 数量经济技术经济研究，2006（8）：106－117.

［4］陈诗一，汪莉．中国地方政府债务务与区域经济增长［J］. 学术月刊，2016（6）：37－52.

［5］陈学彬，杨凌，方松．货币政策效应的微观基础研究——我国居民消费储蓄行为的实证分析［J］. 复旦学报（社会科学版），2005，（1）：44－56.

［6］陈志勇，毛晖，张佳希．地方政府性债务的期限错配：风险特征与形成机理［J］. 经济管理，2015（5）：12－21.

［7］程宇丹，龚六堂．财政分权下的政府债务与经济增长［J］. 世界经济，2015（11）：3－28.

［8］邓晓兰，黄显林，张旭涛．公共债务、财政可持续性与经济增长［J］. 财贸研究，2013，24（4）：83－90.

［9］刁伟涛．空间关联下中国地方政府债务的经济增长效应研究［J］. 云南财经大学学报，2016，32（4）：46－53.

［10］刁伟涛．债务率、偿债压力与地方政府债务务的经济增长效应［J］. 数量经济技术经济研究，2017，34（3）：59－77.

［11］范剑勇，莫家伟．地方政府债务务、土地市场与地区工业增长［J］. 经济研究，2014.

[12] 伏润民，缪小林，高跃光. 地方政府债务风险对金融系统的空间外溢效应 [J]. 财贸经济，2017，38 (9)：31 -47.

[13] 高然，龚六堂. 土地财政、房地产需求冲击与经济波动 [J]. 金融研究，2017，(4)：36 -49.

[14] 苟文均，袁鹰，漆鑫. 债务杠杆与系统性风险传染机制——基于CCA模型的分析 [J]. 金融研究，2016 (3)：74 -91.

[15] 郭琳，樊丽明. 地方政府债务风险分析 [J]. 财政研究，2001 (5)：64 -68.

[16] 郭庆旺，赵旭杰. 地方政府投资竞争与经济周期波动 [J]. 世界经济，2012 (5)：3 -21.

[17] 郭长林. 被遗忘的总供给：财政政策扩张一定会导致通货膨胀吗? [J]. 经济研究，2016 (2)：30 -41.

[18] 郭长林. 积极财政政策、金融市场扭曲与居民消费 [J]. 世界经济，2016 (10)：28 -52.

[19] 韩健，程宇丹. 地方政府债务规模对经济增长的阈值效应及其区域差异 [J]. 中国软科学，2018 (9)：104 -112.

[20] 韩健，向森渝. 地方政府隐性债务诱发系统性金融风险的路径与防范 [J]. 财会月刊，2018 (24)：9 -13.

[21] 韩立岩，丁丁. 地方政府债务风险研究综述 [J]. 中国金融学，2018 (3)：65 -81.

[22] 郝毅，李政. 土地财政、地方政府债务与宏观经济波动研究——以地方政府投融资平台为例 [J]. 当代经济科学，2017，39 (1)：1 -12 +124.

[23] 何杨，王蔚. 土地财政、官员特征与地方政府债务务膨胀——来自中国省级市政投资的经验证据 [J]. 中央财经大学学报，2015 (6)：10 -19.

[24] 洪源，李礼. 我国地方政府债务可持续性的一个综合分析框架 [J]. 财经科学，2006 (4)：96 -103.

[25] 胡翠，许召元. 对外负债与经济增长 [J]. 经济研究，2011 (2)：19 -30.

［26］胡奕明，顾祎雯．地方政府债务与经济增长——基于审计署 2010～2013 年地方政府性债务审计结果［J］. 审计研究，2016（5）：104－112.

［27］黄国桥，徐永胜．地方政府性债务风险的传导机制与生成机理分析［J］. 财政研究，2011（9）：2－5.

［28］黄赜琳．中国经济周期特征与财政政策效应——一个基于三部门 RBC 模型的实证分析［J］. 经济研究，2005（6）：27－39.

［29］贾俊雪，郭庆旺．财政规则、经济增长与政府债务规模［J］. 世界经济，2011（1）：73－92.

［30］金戈．中国基础设施资本存量估算［J］. 经济研究，2012，（4）：5－15＋101.

［31］李向阳．动态随机一般均衡（DSGE）模型．［M］. 清华大学出版社，2018：180－181

［32］梁琪，郝毅．地方政府债务置换与宏观经济风险缓释研究［J］. 经济研究，2019，54（4）：18－32.

［33］林东杰，崔小勇，龚六堂．货币政策、消费品和投资品通货膨胀——基于金融加速器视角［J］. 金融研究，2019，465（3）：22－40.

［34］刘鹤．两次全球大危机的比较［J］. 管理世界，2013，No. 234（3）：1－7.

［35］刘溶沧，马拴友．赤字、国债与经济增长关系的实证分析——兼评积极财政政策是否有挤出效应［J］. 经济研究，2001（2）：13－19.

［36］刘尚希，于国安．地方政府或有负债：隐匿的财政风险［M］. 2002.

［37］刘尚希．中国财政风险的制度特征："风险大锅饭"［J］. 管理世界，2004（5）：39－44.

［38］刘晓光，张杰平．中国杠杆率悖论——兼论货币政策"稳增长"和"降杠杆"真的两难吗［J］. 财贸经济，2016，（8）：5－19.

［39］刘一楠，王亮．内生的杠杆阈值、金融加速器与宏观经济波动——基于动态随机一般均衡模型（DSGE）的分析［J］. 南方经济，2018，351（12）：61－81.

[40] 刘煜辉，张榉成．中国地方政府融资平台分析 [J]．银行家，2010 (6)：48－52.

[41] 吕健．地方政府债务务对经济增长的影响分析——基于流动性的视角 [J]．中国工业经济，2015 (11)：16－31.

[42] 吕健．影子银行推动地方政府债务增长了吗 [J]．财贸经济，2014，35 (8)：38－48.

[43] 马海涛，吕强．我国地方政府债务风险问题研究 [J]．财贸经济，2004 (2)：12－17.

[44] 马建堂，董小君，时红秀，等．中国的杠杆率与系统性金融风险防范 [J]．财贸经济，2016，37 (1)：5－21.

[45] 马喜立．地区工业经济增长路径研究——基于政府债务的视角 [J]．金融理论与教学，2018，151 (5)：86－87.

[46] 毛捷，黄春元．地方政府债务务、区域差异与经济增长——基于中国地级市数据的验证 [J]．金融研究，2018 (5)：1－19.

[47] 毛捷，徐军伟．中国地方政府债务问题研究的现实基础——制度变迁、统计方法与重要事实 [J]．财政研究，2019 (1)：3－23.

[48] 毛锐，刘楠楠，刘蓉．地方政府债务扩张与系统性金融风险的触发机制 [J]．中国工业经济，2018 (4)：19－38.

[49] 梅冬州，龚六堂．新兴市场经济国家的汇率制度选择 [J]．经济研究，2011 (11)：73－88.

[50] 梅冬州，雷文妮，崔小勇．出口退税的政策效应评估——基于金融加速器模型的研究 [J]．金融研究，2015 (4)：50－65.

[51] 梅冬州，崔小勇，吴娱．房价变动、土地财政与中国经济波动 [J]．经济研究，2018，53 (1)：35－49.

[52] 缪小林，伏润民．我国地方政府性债务风险生成与测度研究——基于西部某省的经验数据 [J]．财贸经济，2012 (1)：17－24.

[53] 缪小林，伏润民．我国地方政府债务可持续性测度研究——基于单一主体模型分析 [J]．当代财经，2014 (8)：30－40.

[54] 缪小林，伏润民．地方政府债务权责时空分离：理论与现实——兼论防范我国地方政府债务风险的瓶颈与出路［J］. 经济学动态，2014（12）：72－78.

[55] 缪小林，杨雅琴，师玉朋．地方政府债务增长动因：从预算支出扩张到经济增长预期［J］. 云南财经大学学报，2013（1）：84－91.

[56] 庞晓波，李丹．中国经济景气变化与政府债务风险［J］. 经济研究，2015（10）：18－33.

[57] 裴育，欧阳华生．地方政府债务务风险预警程序与指标体系的构建［J］. 当代财经，2006（3）：36－39.

[58] 邱栎桦，伏润民，李帆．经济增长视角下的政府债务适度规模研究——基于中国西部D省的县级面板数据分析［J］. 南开经济研究，2015（1）.

[59] 裘翔，周强龙．影子银行与货币政策传导［J］. 经济研究，2014，49（5）：91－105.

[60] 沈明高，彭程，龚橙．地方融资平台远虑与近忧［J］. 中国改革，2010（5）：38－42.

[61] 沈沛龙，樊欢．基于可流动性资产负债表的我国政府债务风险研究［J］. 经济研究，2012（2）：93－105.

[62] 睢党臣，李盼．我国地方政府债务问题研究——基于财政风险视角下的动态可持续性分析［J］. 云南财经大学学报，2013（5）：17－25.

[63] 孙烨，韩哲．我国地方政府债务对区域经济增长的影响机制研究［J］. 数量经济研究，2019，10（4）：104－126.

[64] 孙英杰，林春．财政分权、地方政府债务和全要素生产率——基于省际面板数据的实证分析［J］. 经济经纬．

[65] 盛虎，刘青．地方政府债务对区域经济增长的影响及传导机制研究［J］. 金融经济，2020（2）：23－33.

[66] 唐云锋，刘清杰．地方政府债务诱发金融风险的逻辑与路径［J］. 社会科学战线，2018（3）.

[67] 仝冰．混频数据、投资冲击与中国宏观经济波动［J］. 经济研究，

2017，(6)：62 - 78.

［68］王国刚. 关于“地方政府融资平台债务”的冷思考［J］. 财贸经济，2012（9）：14 - 21.

［69］王国静，田国强. 金融冲击和中国经济波动［J］. 经济研究，2014（3）：20 - 34.

［70］王君斌，郭新强，蔡建波. 扩张性货币政策下的产出超调、消费抑制和通货膨胀惯性［J］. 管理世界，2011，(3)：15 - 29.

［71］王君斌，郭新强. 经常账户失衡、人民币汇率波动与货币政策冲击［J］. 世界经济，2014（8）：42 - 69.

［72］王君斌，王文甫. 非完全竞争市场、技术冲击和中国劳动就业——动态新凯恩斯主义视角［J］. 管理世界，2010（1）：31 - 43 + 51.

［73］王俊. 地方政府债务的风险成因、结构与预警实证［J］. 中国经济问题，2015（2）：13 - 25.

［74］王胜华. 政府支出经济增长效应区域异质性研究［D］. 中国财政科学研究院，2018.

［75］王维国，杨晓华. 我国国债与经济增长关系的计量分析——兼论国债负担对国债经济增长效应的影响［J］. 中国管理科学，2006，14（s1）：300 - 305.

［76］王文甫，明娟，岳超云. 企业规模、地方政府干预与产能过剩［J］. 管理世界，2014（10）：17 - 36.

［77］王文甫. 价格粘性、流动性约束与中国财政政策的宏观效应——动态新凯恩斯主义视角［J］. 管理世界，2010（9）：21 - 35 + 197.

［78］魏加宁，孙彬. 地方政府投融资平台蕴藏巨大风险［J］. 中国经济报告，2010.

［79］魏伟，陈骁，张明. 中国金融系统性风险：主要来源、防范路径与潜在影响［J］. 国际经济评论，2018，No. 135（3）：9 + 127 - 152.

［80］吴盼文，曹协和，肖毅，等. 我国政府性债务扩张对金融稳定的影响——基于隐性债务视角［J］. 金融研究，2013（12）：57 - 71.

[81] 吴智华，杨秀云."土地财政"与中国房地产市场波动——基于两部门 NK - DSGE 模型的研究 [J]. 中南财经政法大学学报，2016 (5)：30 - 41 + 53 + 158 - 159.

[82] 中国财政科学研究院金融研究中心课题组，王朝才，赵全厚. 地方政府举债模式研究 [J]. 经济研究参考，2017 (72)：3 - 26.

[83] 许志伟，王文甫. 经济政策不确定性对宏观经济的影响——基于实证与理论的动态分析 [J]. 经济学 (季刊)，2018，Vol. 18 (1)：23 - 50.

[84] 项后军，巫姣，谢杰. 地方政府债务务影响经济波动吗 [J]. 中国工业经济，2017 (1)：45 - 63.

[85] 谢保鹏. 基于土地财政的地方政府债务研究：规模、风险及其传导 [D]. 中国农业大学，2017.

[86] 谢思全，白艳娟. 地方政府融资平台的举债行为及其影响分析——双冲动下的信贷加速器效应分析 [J]. 经济理论与经济管理，2013，V33 (1)：60 - 68.

[87] 熊琛，金昊. 地方政府债务风险与金融部门风险的"双螺旋"结构——基于非线性 DSGE 模型的分析 [J]. 中国工业经济，2018，369 (12)：23 - 41.

[88] 熊婉婷，常殊昱，肖立晟. IMF 债务可持续性框架：主要内容、问题及启示 [J]. 国际经济评论，2019 (4)：44 - 62.

[89] 徐占东，王雪标. 中国省级政府债务风险测度与分析 [J]. 数量经济技术经济研究，2014 (12)：38 - 54.

[90] 徐长生，程琳，庄佳强. 地方政府债务务对地区经济增长的影响与机制——基于面板分位数模型的分析 [J]. 经济学家，2016 (5)：77 - 86.

[91] 许志伟，薛鹤翔，罗大庆. 融资约束与中国经济波动——新凯恩斯主义框架内的动态分析 [J]. 经济学 (季刊)，2011，10 (1).

[92] 杨灿明，鲁元平. 地方政府债务风险的现状、成因与防范对策研究 [J]. 财政研究，2013 (11)：58 - 60.

[93] 尹旭. 地方政府性债务风险成因及其向金融领域传导路径研究 [J].

中国内部审计，2018（10）：88－93.

［94］于海峰，崔迪．防范与化解地方政府债务风险问题研究［J］.财政研究，2010（6）：56－59.

［95］于漾．中国地方政府债务经济增长效应研究［D］.辽宁大学，2017.

［96］张军，吴桂英，张吉鹏．中国省际物质资本存量估算：1952—2000［J］.经济研究，2004（10）：35－44.

［97］张平，张丽恒，刘灿．我国省级地方政府债务风险影子银行化的成因、途径及其控制［J］.理论探讨，2016（6）：73－78.

［98］张中华，万其龙．地方政府债务挤出了私人投资吗？［J］.现代财经（天津财经大学学报），2018，v.38；No.342（7）：5－20.

［99］张佐敏．中国存在财政规则吗？［J］.管理世界，2014，（5）：29－41＋193.

［100］章志平．中国地方政府债务风险灰色评估和预警［J］.统计与决策，2011（15）：135－138.

［101］赵斌，王朝才，柯勰．改革开放以来中国地方政府举债融资演变［J］.地方财政研究，2019（4）：7－19.

［102］赵仑，杨扬．基于资产负债分析的地方政府债务风险测算研究［J］.商业研究，2019（5）：27－36.

［103］赵颖岚，张鑫杰，倪克勤．影子银行利率提高了我国地方政府债务风险吗？——基于省际面板数据模型［J］.四川大学学报（哲学社会科学版），2017（6）：104－119.

［104］钟辉勇，陆铭．财政转移支付如何影响了地方政府债务？［J］.金融研究，2015（9）：1－16.

［105］周程，张永亮．地方政府债务务膨胀对民间投资的门限效应——来自中国省际面板的实证研究［J］.中国经济问题，2018，No.308（3）：93－105.

［106］朱文蔚，陈勇．地方政府性债务与区域经济增长［J］.财贸研究，2014（4）：114－121.

［107］庄佳强，陈志勇，解洪涛．我国地方政府性债务的非线性增长效

应研究 [J]. 当代财经，2017 (10)：36 -47.

[108] 庄子罐，崔小勇，龚六堂，邹恒甫. 预期与经济波动——预期冲击是驱动中国经济波动的主要力量吗? [J]. 经济研究，2012，47 (6)：46 -59.

[109] Afonso A，Aubyn M S. MACROECONOMIC RATES OF RETURN OF PUBLIC AND PRIVATE INVESTMENT：CROWDING-IN AND CROWDING-OUT EFFECTS [J]. Working Papers Department of Economics，2010，77 (s1)：21 -39.

[110] Akai N，Sato M. A simple dynamic decentralized leadership model with private savings and local borrowing regulation [J]. Journal of Urban Economics，2011，70 (1)：15 -24.

[111] Alesina A，Tabellini G. Positive and normative theories of public debt and inflation in historical perspective [J]. European Economic Review，1992，36 (2 -3)：337 -344.

[112] Alesina A，Tabellini G. Credibility and politics [J]. European Economic Review，1988，32 (2)：542 -550.

[113] Arrow K. J. and M. Kurz，1970，Public Investment，the Rate of Return and Optimal Fiscal Policy，Maryland：Johns Hopkins University Press.

[114]. Aschauer，A. D. (1989) Is Public Expenditure Productive? Journal of Monetary Economies，23，177 -200.

[115] Auerbach A J，Kotlikoff L J. Evaluating Fiscal Policy with a Dynamic Simulation Model [J]. American Economic Review，1987，77 (2)：49 -55.

[116] Baum A，Checherita-Westphal C，Rother P. Debt and growth：New evidence for the euro area [J]. Journal of International Money & Finance，2013，32 (1)：809 -821.

[117] Bernanke，B，Gertler，M，Gilchrist，S. The Financial Accelerator in a Quantitative Business Cycle Framework [J]. Working Papers，1999，1 (99)：1341 -1393.

[118] Boadway R，Tremblay J F. MOBILITY AND FISCAL IMBALANCE [J]. National Tax Journal，2010，63 (4)：1023 -1053.

[119] Bonis R D, Stacchini M. Does Government Debt Affect Bank Credit? [J]. International Finance, 2013, 16 (3): 289 -310.

[120] Calvo G A. Staggered prices in a utility-maximizing framework [J]. Journal of Monetary Economics, 1983, 12 (3): 383 -398.

[121] Cerra V, Saxena S C. Growth Dynamics: The Myth of Economic Recovery [J]. American Economic Review, 2008, 98 (1): 439 -457.

[122] Checherita-westphal C, Hallett A H, Rother P. Fiscal sustainability using growth-maximizing debt targets [J]. Applied Economics, 2014, 46 (6): 638 -647.

[123] Checherita-Westphal C, Rother P. The impact of high government debt on economic growth and its channels: An empirical investigation for the euro area [J]. European Economic Review, 2012, 56 (7): 1392 -1405.

[124] Cochrane J H. Understanding policy in the great recession: Some unpleasant fiscal arithmetic [J]. European Economic Review, 2011, 55 (1): 2 -30.

[125] Delong J B, Summers L H. Fiscal Policy in a Depressed Economy [J]. Brookings Papers on Economic Activity, 2012: 233 -297.

[126] Diamond P A. National Debt in a Neoclassical Growth Model [J]. American Economic Review, 1965, 55 (5): 1126 -1150.

[127] Dipeitro W R, Anoruo E. Government size, public debt and real economic growth: a panel analysis [J]. Journal of Economic Studies, 2012, 39 (4) .

[128] Dixit AK, Stiglitiz JE. Monopolistic Competition and Optimum Product Diversity [J]. The American Economic Review, 1978, 67 (3): 297 -308.

[129] Eberhardt M, Presbitero A F. Public debt and growth: Heterogeneity and non-linearity [J]. Journal of International Economics, 2015, 97 (1): 45 -58.

[130] Égert B. The 90% public debt threshold: the rise and fall of a stylized fact [J]. Cesifo Working Paper, 2013, 47 (34 -35): 3756 -3770.

[131] Elmendorf D W, Mankiw N G. Chapter 25 Government debt [J]. Handbook of Macroeconomics, 1999, 1 (4): 1615 -1669.

[132] F. E. Kydland, E. C. Prescott. (1982) . Time to Build and Aggregate Fluctuations [J]. Econometrica, 50 (6): 1345 -1370.

[133] Fernάndez-Villaverde, Jesύs. Fiscal Policy in a Model With Financial Frictions [J]. American Economic Review, 2010, 100 (2): 35 -40.

[134] Galí J (2008): Monetary Policy, Inflation, and the Business Cycle: An Introduction to the New Keynesian Framework [M]. Princeton University Press.

[135] Galí J (2015): Monetary Policy, Inflation, and the Business Cycle: An Introduction to the New Keynesian Framework and Its Applications (2nd Edition) . [M]. Princeton University Press.

[136] Gapen M, Gray D, Cheng H L, et al. Measuring and Analyzing Sovereign Risk with Contingent Claims [J]. Imf Staff Papers, 2008, 55 (1): 109 -148.

[137] Gennaioli N, Martin A, Rossi S. Banks, Government Bonds, and Default: What do the Data Say? [J]. Social Science Electronic Publishing, 2018, 14 (120) .

[138] Gerali A, Neri S, Sessa L, et al. Credit and Banking in a DSGE Model of the Euro Area [J]. SSRN Electronic Journal, 2010.

[139] Giri F. Does interbank market matter for business cycle fluctuation? An estimated DSGE model with financial frictions for the Euro area [J] . FinMaP-Working Papers, 2015.

[140] Greiner A, Fincke B. Public Debt and Economic Growth [J] . Quaderni Di Storia Economica, 2011, 11 (1): 415 -427.

[141] Hildreth W B, Miller G J. Debt and the Local Economy: Problems in Benchmarking Local Government Debt Affordability [J] . Public Budgeting & Finance, 2010, 22 (4): 99 -113.

[142] Hildreth W B, Zorn C K. The Evolution of the State and Local Government Municipal Debt Market over the Past Quarter Century [J] . Public Budgeting & Finance, 2005, 25.

[143] Kotsogiannis K C. Does Federalism Lead to Excessively High Taxes?

[J]. The American Economic Review.

[144] Lawrence J. Christiano, Roberto Motto, Massimo Rostagno. Risk Shocks [J]. American Economic Review, 2014, 104 (1): 27 -65 (39) .

[145] Lawrence J. Christiano, Martin Eichenbaum, Charles L. Evans. Nominal Rigidities and the Dynamic Effects of a Shock to Monetary Policy [J]. Journal of Political Economy, 2005, 113 (1): 1 -45.

[146] Olivier, Jean, Blanchard, et al. The Solution of Linear Difference Models under Rational Expectations [J]. Econometrica, 1980.

[147] Panizza U, Presbitero A F. Public debt and economic growth: Is there a causal effect? [J]. Mo. fi. r. working Papers, 2014, 41 (C): 21 -41.

[148] Persson T, Tabellini G. The size and scope of government: Comparative politics with rational politicians [J]. European Economic Review, 1998, 43 (4 -6): 699 -735.

[149] Plekhanov A, Singh R. How Should Subnational Government Borrowing Be Regulated? Some Cross-Country Empirical Evidence [J]. Imf Staff Papers, 2006, 53 (3): 426 -452.

[150] Reinhart, Carmen M, Rogoff, Kenneth. Growth in a Time of Debt [J]. Social Science Electronic Publishing, 2010.

[151] Smets F, Wouters R. (2003) . An Estimated Stochastic Dynamic General Equilibrium Model of the Euro Area [J]. Journal of the European Economic Association, 1 (5): 1123 -1175.

[152] Smets F, Wouters R. (2007) . Shocks and Frictions in US Business Cycles: A Bayesian DSGE Approach [J]. The American Economic Review, 97 (3): 586 -606.

[153] Teles V K, Mussolini C C. Public debt and the limits of fiscal policy to increase economic growth [J]. European Economic Review, 2014, 66 (1): 1 -15.

[154] TerMinassian, Teresa. Fiscal Federalism in Theory and Practice [J]. Minassian, 1997.

[155] Townsend R M. Optimal contracts and competitive markets with costly state verification [J]. Journal of Economic Theory, 1979, 21 (2): 265 - 293.

[156] Uhlig H. A toolkit for analyzing nonlinear dynamic stochastic models easily [J]. Discussion Paper, 1995, 1995 - 97: 30 - 62.

[157] Wilson J D, Wildasin D E. Capital tax competition: bane or boon [J]. Journal of Public Economics, 2004, 88 (6): 1065 - 1091.

附　录

附表 1　全国 30 个省市 2018 年政府性债务负担情况

地区	政府债券余额	城投债余额	债务余额	GDP	公共财政收入	公共财政支出	债务负担（%）	负债率（%）	财政自给率（%）
江苏	12894.34	14264.87	27159.21	85869.76	8171.53	10621.03	31.63	332.36	76.94
浙江	10760.89	5345.69	16106.57	51768.26	5803.38	7530.27	31.11	277.54	77.07
山东	11260.87	2939.44	14200.31	72634.15	6098.63	9258.40	19.55	232.84	65.87
湖南	8595.57	4410.30	13005.87	33902.96	2757.80	6869.39	38.36	471.6	40.15
四川	9151.31	3779.28	12930.58	36980.22	3579.78	8686.10	34.97	361.21	41.21
广东	9679.56	1930.42	11609.98	89705.23	11315.21	15043.09	12.94	102.61	75.22
贵州	8732.05	1976.67	10708.72	13540.83	1613.64	4604.57	79.08	663.64	35.04
湖北	6552.85	3159.67	9712.51	35478.09	3248.32	6801.26	27.38	299	47.76
安徽	6451.63	2802.57	9254.20	27018.00	2812.45	6203.81	34.25	329.04	45.33
北京	5701.44	3395.89	9097.33	28014.94	5430.79	6824.53	32.47	167.51	79.58
辽宁	8289.62	648.41	8938.03	23409.24	2392.77	4879.42	38.18	373.54	49.04

续表

地区	政府债券余额	城投债余额	债务余额	GDP	公共财政收入	公共财政支出	债务负担（%）	负债率（%）	财政自给率（%）
云南	6820. 80	2010. 34	8831. 14	16376. 34	1886. 20	5713. 00	53. 93	468. 2	33. 02
重庆	4587. 82	3815. 46	8403. 28	19424. 73	2252. 38	4336. 71	43. 26	373. 08	51. 94
河南	6388. 10	1852. 06	8240. 16	44552. 83	3407. 22	8215. 52	18. 5	241. 84	41. 47
天津	4026. 75	4096. 09	8122. 84	18549. 19	2310. 36	3282. 54	43. 79	351. 58	70. 38
河北	7023. 87	605. 57	7629. 44	34016. 32	3233. 83	6639. 18	22. 43	235. 93	48. 71
福建	5957. 27	1574. 03	7531. 30	32182. 09	2809. 03	4684. 15	23. 4	268. 11	59. 97
陕西	5603. 57	1708. 13	7311. 70	21898. 81	2006. 39	4833. 08	33. 39	364. 42	41. 51
江西	4370. 20	2573. 16	6943. 36	20006. 31	2246. 90	5123. 70	34. 71	309. 02	43. 85
广西	5300. 76	1544. 35	6845. 11	18523. 26	1615. 03	4912. 89	36. 95	423. 84	32. 87
内蒙古	6269. 82	460. 68	6730. 50	16096. 21	1703. 21	4529. 93	41. 81	395. 17	37. 6
上海	4965. 90	826. 82	5792. 72	30632. 99	6642. 30	7547. 60	18. 91	87. 21	88. 01
新疆	3763. 77	966. 23	4730. 01	10881. 96	1466. 52	4637. 24	43. 47	322. 53	31. 62
吉林	3562. 14	993. 1	4555. 24	14944. 53	1210. 91	3725. 72	30. 48	376. 18	32. 5
黑龙江	3885. 33	443. 01	4328. 34	15902. 68	1243. 31	4641. 08	27. 22	348. 13	26. 79
山西	2805. 36	926. 15	3731. 51	15528. 42	1867. 00	3756. 42	24. 03	199. 87	49. 7
甘肃	2291. 82	502. 04	2793. 86	7459. 90	815. 73	3304. 44	37. 45	342. 5	24. 69
海南	1829. 59	62. 67	1892. 26	4462. 54	674. 08	1444. 49	42. 4	280. 72	46. 67
青海	1674. 13	133. 81	1807. 94	2624. 83	246. 2	1530. 44	68. 88	734. 35	16. 09
宁夏	1375. 64	125. 5	1501. 14	3443. 56	417. 46	1375. 94	43. 59	359. 59	30. 3

附表 2　全国 30 个省市 2017 年政府性债务负担情况

地区	政府债券余额	城投债余额	债务总额	GDP	公共财政收入	公共财政支出	债务负担（%）	负债率（%）	财政自给率（%）
江苏	10911.19	12638.49	23549.68	77388.28	8121.23	9981.96	30.43	289.98	81.36
浙江	9151.49	4358.03	13509.52	47251.36	5301.81	6976.33	28.59	254.81	76
山东	9293.37	2697.75	11991.13	68024.49	5860.18	8755.21	17.63	204.62	66.93
湖南	6848.40	4426.85	11275.25	31551.37	2697.90	6339.16	35.74	417.93	42.56
四川	7489.56	3401.83	10891.39	32934.54	3388.85	8008.89	33.07	321.39	42.31
广东	7357.03	2050.25	9407.28	80854.91	10390.33	13447.42	11.63	90.54	77.27
北京	6701.42	2686.70	9388.12	25669.13	5081.26	6406.77	36.57	184.76	79.31
贵州	7038.65	2139.88	9178.53	11776.73	1561.34	4262.36	77.94	587.86	36.63
辽宁	7001.75	1238.81	8240.55	22246.90	2200.49	4577.47	37.04	374.49	48.07
湖北	5350.00	2646.10	7996.10	32665.38	3102.06	6422.98	24.48	257.77	48.3
重庆	3704.33	3818.86	7523.19	17740.59	2227.90	4001.80	42.41	337.68	55.67
云南	5563.00	1785.40	7348.40	14788.42	1812.29	5018.86	49.69	405.48	36.11
河南	5307.16	1834.31	7141.47	40471.79	3153.48	7453.74	17.65	226.46	42.31
安徽	4431.28	2535.82	6967.10	24407.62	2672.79	5522.95	28.54	260.67	48.39
天津	3081.03	3634.26	6715.29	17885.39	2723.50	3699.43	37.55	246.57	73.62
福建	5025.69	1611.90	6637.59	28810.58	2654.78	4287.41	23.04	250.02	61.92
陕西	4591.44	1717.45	6308.89	19399.59	1833.99	4389.37	32.52	344	41.78
河北	5268.45	863.1	6131.55	32070.45	2849.87	6049.53	19.12	215.15	47.11
内蒙古	5288.85	612.49	5901.33	18128.10	2016.43	4512.71	32.55	292.66	44.68
广西	4078.13	1503.10	5581.23	18317.64	1556.24	4472.48	30.47	358.64	34.8

续表

地区	政府债券余额	城投债余额	债务总额	GDP	公共财政收入	公共财政支出	债务负担（%）	负债率（%）	财政自给率（%）
江西	3391.03	2064.90	5455.93	18499.00	2151.40	4619.50	29.49	253.6	46.57
上海	4477.60	821.8	5299.40	28178.65	6406.10	6918.90	18.81	82.72	92.59
新疆	2827.57	1129.91	3957.49	9649.70	1298.95	4138.25	41.01	304.67	31.39
吉林	2821.58	863	3684.58	14776.80	1263.78	3586.09	24.93	291.55	35.24
黑龙江	2862.14	611.08	3473.22	15386.09	1148.41	4227.34	22.57	302.44	27.17
山西	2178.12	798.1	2976.22	13050.41	1557.00	3428.86	22.81	191.15	45.41
甘肃	1737.03	480.9	2217.93	7200.37	786.97	3150.03	30.8	281.83	24.98
青海	1259.87	161.4	1421.27	2572.49	238.51	1524.80	55.25	595.9	15.64
海南	1310.42	82	1392.42	4053.20	637.51	1376.48	34.35	218.42	46.31
宁夏	1028.86	116.7	1145.56	3168.59	387.65	1257.69	36.15	295.51	30.82

博士研究生学习期间科研成果

序号	作品（文章名称）	发表刊物或出版社	年份或期号	独著或合著	字数（万）	核心或非核心
1	《货币政策透明度对通胀预期偏差的影响研究》	《当代财经》	2018 年第 5 期	第二作者	1.5 万	核心
2	《货币政策透明度与宏观经济稳定——基于国际面板数据的经验分析》	《金融论坛》	2018 年第 7 期	第二作者	1.5 万字	核心
3	《P2P 网络借贷平台风险预警研究》	《金融与经济》	2019 年第 8 期	第二作者	1.5 万字	核心
4	《完善我国地方政府专项债的建议》	《中国财政》	2020 年第 5 期	第二作者	1 万字	核心

后 记

来到这里即代表着我的博士生涯乃至求学生涯接近走到终点，回首“来时的路”不由感慨万千。2017 年春天，尚未满 24 岁的我踌躇满志第一次来到新知大厦就感觉到财科院学术气氛的庄严肃穆，心底顿时从期待中夹杂着些许的不安。我是一个来自赣南革命老区，至今老家县城人口也不过 30 万的“乡下小子”，乡野小生遨游省城乃至金陵之地尚有余力，来到风云际会、卧虎盘龙的京畿重地，来到独领一方学术风骚，为我国财政科研、管理和教育事业做出卓越贡献的中国财政科学研究院怎能不让我顿生诚惶诚恐，战战兢兢之感。

在我刚踏入博士求学生涯，内心无依，方向无着，千头万绪不知如何下手之际，我的恩师王朝才研究员成为了我在彷徨困惑时期的指路明灯。我的恩师学养深厚，在财政学领域蔚为大家，不仅在学术和科研道路上对我悉心指点、传道解惑，更是在日常生活中的为人处事和待人接物上对我“春风化雨、润物无声”，正因为恩师宽厚谦和的为人和严谨认真的治学打造了我们师门“亲如一家”又“百家争鸣”的优秀门风，师兄师姐们团结热忱，对我关怀备至，至今我仍时时庆幸能有绝大机缘成为恩师的门生，能够进入师门这个温暖的大家庭，能够在人生重大转折关头得到恩师的无私教诲和栽培，这使我坚定了信心和勇气，而师门又像温暖的港湾，在这三年的博士求学生涯中给我了无私关怀，对此，千言万语也只化成一句“感恩”！

在我博士毕业论文撰写过程中得到了恩师以及众多院内院外老师、同学们的鼎力相助，恩师为我指明了研究方向、提供了研究思路、搭建了研究框架、理顺了研究逻辑，为我的博士毕业论文打下了坚实的基础。在论文润色阶段尤其要感谢院内的王志刚老师和封北麟老师为我提供了构建模型方面的宝贵建议，感谢赵全厚老师、韩凤芹老师和马洪范老师在论文理论和传导机制研究中对我提出的宝贵改进建议。DSGE 模型的构建无疑是当下宏观经济学界非常流行的分析工具，在研究开始之初，对于我这样的“小白”来说无疑只能徘徊于门外感叹“蜀道之难，难于上青天”，在我攀登“蜀道”的过程中特别要感谢院内王胜华师兄将他胸中所学无私的“倾囊相授”，将我的DSGE 基础从无到有的搭建了起来，使我得以初窥门径，另外要实名感谢中央财经大学梅冬州教授、上海财经大学郭长林教授、西南财经大学王文甫教授在我学习 DSGE 模型的过程中，愿意对我这个素未谋面的后学末进加以点拨，在此，对所有在我博士毕业论文写作中给予帮助和提出宝贵意见建议的老师表达由衷的感谢！

在我博士毕业论文的写作过程中离不开家人的坚强支持和呵护，尤其是由于疫情在家学习这段时间，是父母和家人在生活上无微不至的支持成为了我加速论文写作的坚强后盾！在这里还要感谢我的“另一半”——谭天骄同学，天骄同学与我的交流互动使我得到了不少写作灵感，同时也纠正了我一些写作上的瑕疵，在学术科研和日常生活上都是我的良师益友，是我求学和生活上的良伴！

虽然我的博士求学生涯接近了尾声，但通过这次毕业论文的写作使我明白求学路上其实没有终点，“吾生也有涯，而知也无涯”，我必将博士生涯收获的满满感动和启迪用于今后的工作和生活中！